Praxisreihe Situationsansatz

Etwas unternehmen

Praxisreihe Situationsansatz

Etwas unternehmen

Kinder und Erzieherinnen entwickeln Eigeninitiative

Elke Heller

Illustrationen von Peter Bauer

Ravensburger Buchverlag

Vorwort

Die Deutsche Bibliothek –
CIP-Einheitsaufnahme

Etwas unternehmen: Kinder und Erzieherinnen entwickeln Eigeninitiative / Elke Heller. Ill. von Peter Bauer. [Hrsg. Jürgen Zimmer]. – Ravensburg: Ravensburger Buchverl., 1998
(Praxisreihe Situationsansatz)
ISBN 3-473-98910-X

Elke Heller
Diplom-Pädagogin, Dr. paed., Kindergärtnerin, Erfahrung in der Erziehungsarbeit und in der Fortbildung von Erzieherinnen in der DDR; wissenschaftliche Mitarbeiterin an der Freien Universität Berlin, Projektleiterin im Institut für den Situationsansatz der Internationalen Akademie.

© 1998 Ravensburger Buchverlag
   Otto Maier GmbH
   Pädagogische Arbeitsstelle
– Dieser Band erscheint innerhalb der 12-bändigen Praxisreihe Situationsansatz –
Alle Rechte vorbehalten.
Buchkonzeption: Gisela Walter
Redaktion: Cornelia Stauß, Berlin
Printed in Germany

ISBN 3-473-98910-X

Diese Praxisreihe mit ihren 12 Bänden ist zugleich der Ergebnisbericht des Projektes „Kindersituationen". In allen neuen Bundesländern und im Ostteil Berlins beteiligten sich zwölf Kindertagesstätten, um nach dem Konzept des Situationsansatzes die pädagogische Arbeit weiterzuentwickeln. Die Leitung des Projektes lag bei Prof. Dr. Jürgen Zimmer, Freie Universität Berlin. Gefördert wurde es vom Bundesministerium für Familie, Senioren, Frauen und Jugend und unterstützt von den zuständigen Länderministerien.

Die Erzieherinnen der Modelleinrichtungen suchten in Zusammenarbeit mit Eltern, anderen pädagogischen Fachkräften und durch eigene Beobachtungen nach sogenannten Schlüsselthemen, bearbeiteten diese auf vielfältige Art und dokumentierten ihre Erfahrungen und Erlebnisse. Eine wichtige Grundlage hierfür war die vorausgehende Analyse der Lebenswirklichkeit der Kinder und ihrer Familien.

Auf der Basis der pädagogischen Dokumentationen entstanden die Praxisbücher. Sie wurden mit theoretischen Informationen und methodischen Anregungen ergänzt, sodass jede Erzieherin damit arbeiten kann, mit ihrer Kindergruppe vom Säuglingsalter bis Hortalter, mit ihrem Kolleginnen-Team, mit Eltern oder im Rahmen einer Fortbildung.

Die Konzeption der Praxisbände wurde in Zusammenarbeit mit dem Ravensburger Verlag entwickelt. Die Kapitel der Bücher entsprechen den vier Planungsschritten des Situationsansatzes: Situationen analysieren, Ziele festlegen, Situationen gestalten, Erfahrungen auswerten. Weil die Praxisberichte von Erzieherinnen geschrieben wurden, wendet sich das Buch mit direkter Anrede an die Erzieherinnen, selbstverständlich sind auch alle Erzieher angesprochen. Die Stifte in den Texten markieren Originalbeiträge aus den Praxisdokumentationen. Alle Namen der Kinder und Eltern wurden geändert.

Ergänzend zu den Büchern gibt es eine Materialbox mit praktischen Arbeitshilfen, ein Handbuch mit Grundinformationen des Situationsansatzes und ein Diskussionsspiel für die Teamarbeit nach dem Konzept des Situationsansatzes.

Um die Reformbewegung des Projektes „Kindersituationen" fortzusetzen und andere Reform-Bemühungen zu unterstützen, wurde das Institut für den Situationsansatz gegründet. Weil in der Praxis sicherlich neue Fragen, andere Meinungen und Kritik entstehen werden, bietet sich das Institut für einen Erfahrungsaustausch an. Hier die Adresse:

INA gGmbH c/o Freie Universität Berlin, Fachbereich Erziehungswissenschaften, Prof. Dr. Jürgen Zimmer, Habelschwerdter Allee 45, 14195 Berlin.

Inhaltsverzeichnis

Moment mal !   9

**1. Erkunden –
Situationen analysieren**   13

Ein Unternehmer besucht die Kita   14

Vor welcher Zukunft
stehen unsere Kinder?   17

Eine Kultur unternehmerischen
Handelns fördern   19

Die Pädagogik neu denken, oder:
Welche Antworten haben die
Pädagogen?   21

Unternehmergeist und Eigeninitiative –
Welche Möglichkeiten hat die Kita?   25

Inhaltsverzeichnis

**3. Handeln –
Situationen gestalten**   43

Zu Besuch im „Waldraum"   44

Das Kindergartenwürfelspiel   50

Das Wassermuseum   52

Die Regenwurmzucht   57

Vom Gartenbau und Gemüseverkauf   64

Willkommen im Kindercafé   67

Früh übt sich   71

Jahreskalender   73

„Reinsdorfer Pinnwand"   74

Erzieherinnen nehmen ihre Kita
in die eigenen Hände   75

Das Kinderhaus ist offen für Kinder
und Familien im Wohngebiet   80

**2. Entscheiden –
Ziele festlegen**   33

Das Kind als Forscher und Erfinder   34

Die Kinder unternehmen etwas   37

Die Kita als soziales Dienstleistungsunternehmen   40

Inhaltsverzeichnis

**4. Nachdenken –
Erfahrungen auswerten**   85

Das Leben der Kinder
ist spannender und aufregender   86

Die Kita entwickelt ein
sozialunternehmerisches Profil   89

Rahmenbedingungen für
ökonomisches Handeln schaffen   91

Verwendete Literatur   93

Wer an dem Buch beteiligt war   95

Moment mal!

Erzieherinnen und Kinder übernehmen im Auftrag von Firmen, Geschäften oder Vereinen die komplette Ausgestaltung von Kinderfesten zu den unterschiedlichsten Anlässen – angefangen von der Dekoration über lukullische Angebote bis zu reizvollen Aktivitäten mit Kindern. Sie entwerfen die künstlerische Gestaltung von Firmenkalendern und dekorieren das Schaufenster der Apotheke. Die Kita verleiht künstlerische Arbeiten von Kindern zur Gestaltung der Eingangsbereiche von Sparkassen und Hotels. – Das alles hat natürlich auch seinen Preis.

Erzieherinnen, die davon hören, reagieren sehr unterschiedlich, je nach ihren Vorstellungen von Kindern und heutiger Kindheit. Das Spektrum reicht von völliger Ablehnung: „Das ist ja Kinderarbeit!" über ein vorsichtiges: „Das könnte man vielleicht mal probieren" bis zu zustimmender Begeisterung: „Endlich mal raus aus dem alten Trott!"
Eine Erzieherin drückt es so aus: „Als ich davon hörte, dachte ich, ich wäre im falschen Film. Sollten wir angesichts leerer Kassen nun schon mit Kindern „Knete machen"?

Welche Überlegungen stecken tatsächlich dahinter? Die Situation im Bereich Kindertagesstätten gestaltet sich immer dramatischer: immer weniger Geld bei öffentlichen und freien Trägern, ständig neue Versuche, den erforderlichen Grundbetrag für den Erhalt der Einrichtungen, der jetzt schon schmerzt, weiter abzusenken, im Osten Deutschlands Schließung von Kitas und Entlassung von Erzieherinnen plus steigende Elternbeiträge.
Diese Entwicklungen kann man bedauern und sich die alten Zeiten zurückwünschen, als es in der Fachdiskussion vor allem um inhaltliche Probleme der Arbeit ging und finanzielle und wirtschaftliche Fragen kaum eine Rolle spielten. Könnte man diese Krisenzeiten vielleicht sogar als Chance begreifen, Bestehendes aus einem anderen Blickwinkel heraus zu betrachten und neue Ansprüche und aktuell erforderliche Bedingungen mit einzubeziehen?
Wie in allen anderen gesellschaftlichen Bereichen sind auch im Bildungswesen und in der Jugendhilfe neue Anforderungen an Eigeninitiative und Unternehmergeist gestellt, sind neue zukunftsweisende Konzepte und Strategien gefragt.
Das bedeutet selbstverständlich nicht, den Staat, die Länder, Kommunen und Träger von ihrer im Kinder- und Jugendhilfegesetz (KJHG) festgelegten finanziellen Verantwortung für ein bedarfsgerechtes Angebot an Kindertagesstätten zu entbinden. Es gilt auch weiterhin, sich dafür einzusetzen, dass die Ressourcen gerecht verteilt werden. Sich aber angesichts der

Den Staat nicht aus seiner finanziellen Verantwortung entlassen

„Sollen wir angesichts leerer Kassen mit Kindern ‚Knete' machen?"

Moment mal!

Aber auch in der Kita Eigeninitiative und Unternehmergeist entwickeln

immer knapper werdenden finanziellen Grundlagen allein darauf zu verlassen, wäre eine falsche Entscheidung. Das heißt also, es geht immer um beides: Die Träger, den Staat nicht aus der Verantwortung für die Bildung und Erziehung der Heranwachsenden zu entlassen – und zugleich unternehmerische Initiativen zu entwickeln, um sich zusätzliche Finanzierungsquellen zu erschließen.

In welcher Richtung muss sich die Kindertagesstätte entwickeln, damit sie gegenwärtigen und zukünftigen Anforderungen und Bedingungen gerecht wird? Diese Frage bestimmt gegenwärtig die Fachdebatte (vgl. Zimmer 1995/96, Faltin 1996/97, Hoffmann/Rauschenbach 1997, TPS Heft 3/97 u. a.). „Kita neu denken" – so wird der Anspruch formuliert, vor dem alle stehen, die Verantwortung für öffentliche Erziehung von Kindern wahrnehmen.

Auch Erzieherinnen im Modellprojekt Kindersituationen griffen diese Fragen auf und entwickelten konzeptionelle Ideen, und zwar in drei Richtungen:
- Erstens: Im alltäglichen Leben der Kinder geht es darum, Eigenschaften und Fähigkeiten unternehmerischen Handelns vom jüngsten Alter an zu fördern, das heißt, Eigenaktivität und Initiative zuzulassen und anzuregen, Kinder darin zu unterstützen erfinderisch und ideenreich zu sein, selbst etwas zu tun, statt sie mit Beschäftigungsangeboten „abzuspeisen" und zu unterfordern.
- Zweitens: Kinder lernen aber auch – entsprechend ihrer entwicklungsgemäßen Voraussetzungen –, eigene unternehmerische Ideen zu entwickeln und zu verwirklichen, das heißt, Kinder erwirtschaften zur Realisierung ihrer besonderen Ziele und Wünsche zusätzliche Einnahmen und erwerben im Prozess der Ideenfindung, der Planung, Anfertigung und des Vertriebs von Produkten in Ernstsituationen Fähigkeiten und Kompetenzen unternehmerischen Handelns.
- Drittens: Erzieherinnen und Eltern entwickeln unternehmerische Strategien zur Profilierung ihrer Kita, das heißt, sie analysieren den Bedarf auf dem Gebiet sozialer Dienstleistungen und reagieren mit flexiblen, bedarfsgerechten und wohnortnahen Angeboten. Damit könnten sie zusätzlich einen Beitrag zur Finanzierung der Kita leisten und neue Beschäftigungsfelder für Erzieherinnen erschließen. Für die Erarbeitung solcher innovativen Konzepte stellt insbesondere der Situationsansatz eine tragfähige Basis dar. Die Prinzipien eines forschenden und entdeckenden Lernens in Sinnzusammenhängen und in Realsituationen, die Mitwirkung von Kindern und Eltern und die Öffnung zum Wohnumfeld sind Handlungsorientierungen für die Veränderung der pädagogischen Praxis. Die Förderung von Unternehmergeist und Eigeninitiative ergänzt die Reformbewegung in Kindertagesstätten um einen wesentlichen Aspekt. Für alle, die diese Herausforderung annehmen wollen, ist dieses Buch ein kritischer Ratgeber.

Moment mal!

1. Erkunden – Situationen analysieren

Will die Kindertagesstätte auf die Herausforderungen gesellschaftlicher und wirtschaftlicher Veränderungen konstruktiv reagieren, muss sie Konzepte entwickeln, die Kinder für die gegenwärtige und zukünftige Lebens- und Arbeitswelt handlungsfähig machen. Es gilt darüber nachzudenken, wie in der Kita ein Klima unternehmerischen Denkens und Handelns geschaffen und vom jüngsten Alter an unternehmerische Kreativität und Eigeninitiative gefördert werden können.

Ausgangspunkt einer innovativen Konzeption ist die Situationsanalyse. Das erste Kapitel „Erkunden" gibt Anregungen und Hilfen zur Erschließung der gesellschaftlichen Anforderungen sowie der pädagogischen Bedingungen und Perspektiven einer Erziehung zu Eigeninitiative und Unternehmergeist.

- Welche Qualifikationen werden heute und in Zukunft erwartet? – Eine Debatte über die wirtschaftliche Situation und darüber, warum eine Kultur der Selbstständigkeit notwendig wird.
- Welche Antworten hat die Pädagogik auf die wirtschaftlichen Herausforderungen? – Eine Frage, die den Zusammenhang von Pädagogik und Ökonomie näher beleuchtet.
- Welche Möglichkeiten hat die Kita, Unternehmergeist und Eigeninitiative auszubilden? – Eine konkrete Hilfe, die Situation in der eigenen Kita näher zu betrachten und Handlungsperspektiven zu finden.
- Welche sozialpolitische Verantwortung hat die Gesellschaft für den Erhalt und den Ausbau von Kindereinrichtungen? – Eine Argumentation über das Verhältnis von staatlicher Verantwortung und unternehmerischer Eigeninitiative.

Erkunden

Ein Unternehmer besucht die Kita

Wie selbstständig und effizient kann in der Kita gewirtschaftet werden?

Was fiele einem Unternehmer auf – es könnte natürlich auch eine Unternehmerin sein –, wenn er in die Kita eingeladen würde? Was würde ihn interessieren, was würde er erkunden? Worüber würde er sich Gedanken machen?

Zunächst interessieren ihn sicherlich die betriebswirtschaftlichen Rahmenbedingungen der Kita:
• Wie viel Geld steht der Kita im Jahr zur Verfügung?
• Wofür wird es eingesetzt?
• Wer ist an dieser Entscheidung beteiligt? Inwieweit sind die Leiterin, das Erzieherinnenteam, die Elternvertretung einbezogen? Werden auch die Kinder gefragt?
• Wer trägt die Verantwortung dafür, dass effizient und kostengünstig gewirtschaftet wird?
• Wie viel Entscheidungsfreiheit hat die Leiterin im Umgang mit dem Budget?

Er würde wahrscheinlich ziemlich schnell entdecken, wo leichtfertig mit finanziellen Mitteln umgegangen wird, wo eingespart werden könnte. Er würde nachfragen, inwieweit eingesparte Gelder für andere Zwecke und Vorhaben der Kita verwendet werden können, das heißt, wie eigenständig die Kita wirtschaften kann. Wer berät sie dabei?

Weiter wird er vermutlich erfahren wollen:
• Hat die Kita Sparauflagen? Werden die von den Erzieherinnen nur kritisiert oder bringen sie eigene Ideen ein, wie man sich fehlendes oder zusätzliches Geld selbst erwirtschaften könnte?
• Inwieweit entsprechen die Angebote der Kita der Nachfrage der potentiellen Kunden im Wohngebiet? Welchen Bedarf an sozialen Dienstleistungen gibt es dort? Was brauchen die Menschen im Dorf, im Stadtteil?

Diese Fragen sind ihm wichtig, weil er den Zusammenhang zwischen Marktanalyse und Erfolg eines Unternehmens kennt.

Ein Unternehmer besucht die Kita

Bei einem Rundgang würde er sicherlich auch genauer hinsehen, was die Kinder tun, womit sie sich am Tag beschäftigen.
- Sitzen die Kinder am Tisch und malen nach Anweisung der Erzieherin alle dasselbe Bild? Spielen sie gelangweilt, erdrückt von einem Überangebot an gekauftem Spielzeug, in einem perfekt nach Hochglanzkatalog eingerichteten Gruppenraum?
- Entdeckt er eine Gruppe von Kindern, die untersucht, wie man mit einer selbst gebauten Kläranlage Wasser säubert? Hört er Gespräche der Kinder, die gerade die Idee ausbrüten, an echten Werkbänken eine Fischereiflotte aus Naturmaterial zu bauen?
- Hört er das Kommando „Aufräumen!", oder bekommt er mit, dass die Kinder ihre Vorhaben und Ideen am nächsten Tag weiterspinnen und vielleicht noch ausbauen können?

Kinder beim Tüfteln und Werkeln, beim Spinnen und Forschen zu erleben, das wäre dem Unternehmer äußerst sympathisch. Denn dieser Unternehmer weiß, dass sich Kreativität, Kooperationsfähigkeit und Kompetenz bereits früh herausbilden und eine wesentliche Grundlage für das selbstständige und eigenverantwortliche Handeln in der künftigen Lebens- und Arbeitswelt sind (vgl. Schuster 1996).

- Beobachtet er Kinder, die gerade Lose für die Tombola anfertigen, auf der sie ihre selbst getöpferten Krüge und Vasen anbieten wollen?
- Liest er einen Elternbrief, in dem die Mütter und Väter gebeten werden, zehn Mark für die Dampferfahrt mitzugeben? Oder erzählen ihm die Kinder, dass sie ihren Ausflug mit selbst verdientem Geld finanzieren?

Das alles interessierte ihn sehr. Er würde sich nämlich an seine eigene Kindheit erinnern – wie toll es war, damals „echtes" Geld zu verdienen. Er wüsste, dass eine gute Idee im

Wie kreativ und eigenaktiv sind die Kinder?

Erkunden

Welche Initiativen können von den Erzieherinnen kommen?

Wirtschaftsleben das Wichtigste ist und dass Kinder ungeheuren Unternehmergeist entwickeln können, wenn man sie nur lässt.

Schließlich nähme unser „Musterunternehmer" auf Einladung der Erzieherinnen an ihrer Teamsitzung teil. Dort würde er von seinen Beobachtungen berichten und mit ihnen diskutieren:
- Was fällt Ihnen ein zu den Begriffen Wirtschaft, Unternehmen, Markt, Marktanalyse?

- Wäre es denkbar, dass die Kinder, die mit Wasser experimentieren und über den Bau einer Fischereiflotte fantasieren und dazu Materialien flexibel umgestalten, vielleicht später mit innovativen Ideen auf den Markt treten oder gar ein eigenes Unternehmen gründen werden?
- Können Sie sich vorstellen, dass Ihre Kita noch andere soziale Dienstleistungen anbietet als die Tagesbetreuung der Kinder? Möglicherweise könnten dadurch sogar Ihre Arbeitsplätze sicherer werden oder neue entstehen. Könnten Sie sich ausmalen, wie es wäre, Erzieherin zu bleiben und trotzdem Unternehmerin zu sein?

All diese Fragen sind für die Erzieherinnen sehr anregend.
Nach der Verabschiedung ihres Gastes werden sie vielleicht Lust bekommen, sich weiter darüber zu unterhalten, welche Möglichkeiten ihre Kita für die Entwicklung von Unternehmergeist und Initiative eigentlich noch bietet und wo ihre besondere Kompetenz als Pädagogin herausgefordert ist.
Die nächsten Seiten dieses Kapitels bieten Hintergrundinformationen, die Erzieherinnen bei solchen Überlegungen gut gebrauchen können.

Vor welcher Zukunft stehen unsere Kinder?

Das Bildungssystem gerät wieder einmal in den Mittelpunkt der öffentlichen Diskussion, und dies keineswegs nur unter Gesichtspunkten von Sparauflagen, sondern weil es nicht mehr den gesellschaftlichen Anforderungen entspricht. Personalchefs großer Unternehmen beklagen, dass die Schule Qualifikationen, die für neue Entwicklungen gebraucht werden, nicht nur nicht fördert, sondern geradezu verhindert. Die Schule entlasse Einzelgänger und Einzelkämpfer – im besten Falle mit einer Ansammlung von Fachwissen, das sie anzuwenden nicht in der Lage wären. Gefragt wären stattdessen Frauen und Männer, die fähig sind, in kleinen Teams arbeitsteilig kreative Ideen zu entwickeln. Innovationen in der Wirtschaft sind auf Kooperation, Kommunikation und Eigeninitiative angewiesen.

Verabschieden müsse man sich auch von den Vorstellungen einer linearen Berufsbiographie. Ein immer gleicher Beruf, ein lebenslanger Arbeitsplatz – das wird in Zukunft nur noch für wenige gelten. Stattdessen werden mehrere Umstiege, Berufswechsel mit immer wiederkehrenden Qualifizierungsphasen das Normale werden. Mehrfach qualifizierte, mobile, den Arbeitsplatz mitgestaltende, selbstständig denkende und eigenverantwortlich handelnde Menschen werden in der wirtschaftlichen Entwicklung etwas bewegen.

Das Bildungssystem kann vor diesen Anforderungen die Augen nicht verschließen. Helmuth Schuster, der Leiter des Zentralen Personalwesens bei der Volkswagen AG, bemerkt dazu: „Wir brauchen neue Arbeitsbeziehungen. Der ‚gemeinsame Erfolg' ist das Motto. Wir brauchen verantwortungsbewusste Mitarbeiterinnen und Mitarbeiter, die kritisch über den eigenen Tellerrand hinausschauen und in interdisziplinären Zusammenhängen

Welche Grundqualifikationen sind in der Wirtschaft gefragt?

Erkunden

Wir brauchen ein gesellschaftliches Umfeld, das unternehmerische Selbstständigkeit fördert

eigenverantwortlich arbeiten können. Doch wo sollen sie diese innere Offenheit und Neugier, das konstruktive Aufeinanderzugehen, das Mitziehen aller, wo sollen sie diese Fähigkeiten erlernen, wenn der Grundstein dafür nicht frühzeitig in der Familie und in der Kita gelegt wird? Kinder brauchen ein Lernfeld, in dem sie ein demokratisches und kreatives Miteinander erlernen und praktizieren können" (Schuster 1996, S. 22).

Statt an einer Wiederherstellung der Vollbeschäftigung festzuhalten, wird es darüber hinaus für immer mehr Menschen darum gehen, sich einen Arbeitsplatz selbst oder mit anderen gemeinsam zu schaffen. Gefragt sind Initiativen von unten, Menschen, die mit ungewöhnlichen Ideen neue Existenzen gründen.

Vieles tut sich bereits. Es entstehen Hightech- und Serviceunternehmen von morgen. Neue Branchen sind entstanden, neue Produkte dominieren auf dem Weltmarkt: Chips, Computer und Software. Wer sie entwickelt, schafft neue Arbeitsplätze. Gründer eröffnen Agenturen für jeden erdenklichen Zweck. Auch im Umweltschutz und im Sozialbereich wagen sich immer mehr Frauen und Männer in die Selbstständigkeit. Was wir brauchen, ist ein gesellschaftliches Umfeld, das diese unternehmerische Selbstständigkeit fördert. In der Konsequenz heißt das: Es geht um eine grundsätzliche Offenheit und um die Unterstützung von Menschen, die Ungewöhnliches, Neues wagen, die mit innovativen Ideen den Wettbewerb beleben.

In Deutschland arbeiten von den knapp 36 Millionen Erwerbstätigen nur 3,34 Millionen in wirtschaftlicher Selbstständigkeit. In den letzten Jahrzehnten ist der Anteil der Selbstständigen immer mehr zurückgegangen.

Tabelle 12 a: Erwerbstätige nach Stellung und Beruf – in Prozent

	West							Ost	
Jahr	1950	1960	1970	1980	1990	1992	1995	1992	1995
Selbstständige	14,5	12,6	10,7	8,6	8,8	9,0	9,7	5,7	7,1
Mithelfende Familienangehörige	13,8	9,9	6,8	3,5	2,0	1,7	1,6	0,2	0,3
Beamte	3,7	4,7	5,5	8,4	8,2	7,9	7,7	1,6	2,8
Angestellte	17,0	22,6	29,6	37,2	43,3	44,7	46,6	49,8	47,5
Arbeiter	51,0	50,2	47,4	42,3	37,4	36,7	34,6	42,7	42,3

Quelle: Statistisches Bundesamt 1996: Fachserie 1, Reihe 4.1.1, Stand und Entwicklung der Erwerbstätigkeit 1995, Ergebnisse des Mikrozensus, S. 68

Eine Kultur unternehmerischen Handelns fördern

Es bedarf einer breiten Initiative für die Förderung einer Kultur zu mehr Selbstständigkeit, einer Atmosphäre unternehmerischen Handelns (vgl. Bund-Länder-Kommission für Bildungsplanung und Bildungsförderung 1997). „Culture of entrepreneurship" – das ist der aus dem Englischen entlehnte Begriff für „Kultur unternehmerischen Handelns".

Warum dieser englische Begriff „entrepreneurship"? Weil es im Deutschen kein Wort gibt, das die Bedeutung von Entrepreneurship annähernd wiedergibt. In diesem Wort geht es um unternehmerische Initiativen, um das Entdecken und Nutzen von Marktchancen, um die Gründung und den Aufbau eines Unternehmens. Gemeint ist die Entwicklung einer unternehmerischen Idee bis zur Umsetzung auf dem Markt. Der englische Begriff „entrepreneurship" ist somit handlungsorientierter, unternehmungsorientierter als der deutsche Begriff Unternehmer, mit dem eher Eigentum und Eigentümereigenschaften verbunden sind (vgl. Faltin/Zimmer 1996; Ripsas 1994).

In diesem Buch wird der Begriff „unternehmerisches Handeln" synonym für „entrepreneurship" verwendet.

Das Wichtigste: die unternehmerische Idee

Was bedeutet „culture of entrepreneurship"?

Entrepreneurship, unternehmerisches Handeln, verlangt, den Markt genau zu beobachten und zu analysieren, Bestehendes zu hinterfragen, auch quer zu denken, Bedarf zu erkennen und mit neuen Produkten oder Dienstleistungen zu befriedigen, dadurch neue Werte und neue Arbeitsplätze zu schaffen. Es bedeutet, Initiative zu ergreifen und das „unternehmerische Abenteuer" zu wagen. Es herrscht oft die Meinung vor, dass ein Entrepreneur über Reichtum, über Kapital verfügen muss. Dabei gibt es zahlreiche Beispiele, die zeigen, dass kleine Unternehmer, die nicht über große Kapitalien verfügen, sondern über erfolgreiche Ideen, eine Schlüsselrolle im marktwirtschaftlichen System spielen können. Unternehmerisches Handeln heißt nicht, unter Missachtung gesellschaftlicher Normen den eigenen Vorteil zu suchen, sich mit Ellenbogenmentali-

> Entrepreneurship meint die Entwicklung einer unternehmerischen Idee und ihre Umsetzung: Take a social problem and turn it into an economical idea. (Man nehme ein soziales Problem und verwandle es in eine ökonomische Idee.) Der Entrepreneur ist der weitgehend ohne Kapital startende Visionär, Künstler, Ideenentwickler und -realisierer, der aus dieser Umsetzung Mittel erwirtschaftet, sich selbst und anderen Arbeit verschafft.
> (Jürgen Zimmer)

Erkunden

tät skrupellos durchzusetzen, sondern aktiv und ideenreich zur Entwicklung der Gesellschaft beizutragen (vgl. Ripsas 1994).

Die Fähigkeiten und Eigenschaften, die einen Unternehmensgründer auszeichnen, sind andere als die eines Abteilungsleiters oder Managers. Denn es ist etwas anderes, innerhalb eines vorgegebenen Rahmens mithilfe erlernten Wissens und mit einem festen Gehalt eine fest umrissene Aufgabe zu übernehmen und zu lösen – oder sich erst einmal mit Risiko und Unsicherheit in eine Unternehmensgründung zu stürzen, sich den Rahmen und die Bedingungen selbst zu schaffen, unter denen wirtschaftliches Handeln überhaupt möglich wird. Ein Unternehmen zu gründen bedeutet, neue Horizonte zu erschließen. Es ist eine komplexe, schöpferische Aufgabe, die eher mit der Tätigkeit eines Künstlers zu vergleichen ist. „Das beste Kapital ist eine gute Idee"; die unternehmerische Idee ist also ausschlaggebend. Ob man sich am Markt erfolgreich behaupten kann oder gerade so über Wasser hält, hängt von der Qualität der Konzeption, der Idee ab, mit der man im Wettbewerb angetreten ist (Faltin 1994, 1996).

Für die Gründung eines Unternehmens braucht man vor allem eine gute Idee!

> „Initiative" wird im Duden mit den Stichworten definiert: erster Anstoß zu einer Handlung, Entschlusskraft, Unternehmungsgeist.
>
> „Unternehmen" wird in Nachschlagewerken als ein Unterfangen bezeichnet, das Kühnheit erfordert, das die Überwindung von Schwierigkeiten nötig macht, Courage abverlangt und die Bereitschaft, eine Herausforderung anzunehmen. Unternehmerische Menschen sind fähig, mit dem Wandel umzugehen. Unternehmerische Menschen lassen lohnende Dinge geschehen.

Die Pädagogik neu denken, oder: Welche Antworten haben die Pädagogen?

Bildungs- und Jugendpolitik ist immer zugleich auch Wirtschaftspolitik. Daraus leitet sich unweigerlich die Frage ab: Welche Antworten haben Bildungs- und Erziehungsinstitutionen auf die Herausforderungen der heutigen gesellschaftlichen Entwicklung?
Günter Faltin und Jürgen Zimmer haben die ökonomische Debatte mit pädagogischen Perspektiven verknüpft. Die folgenden Ausführungen bieten einen Einblick in ihre Überlegungen (vgl. Zimmer 1997; Faltin 1994; Faltin/Zimmer 1996).

Eigeninitiative und Unternehmergeist von klein auf

Bildungswesen und Jugendhilfe sind gefordert, Grundlagen für eine umfassende Kultur der Selbstständigkeit zu schaffen, Unternehmergeist zu fördern und damit zugleich auf die angespannte Arbeitsplatzsituation angemessen zu reagieren (vgl. Bund-Länder-Kommission für Bildungsplanung und Forschungsförderung, Pressemitteilung vom Juni 1997). Hierbei reicht es keinesfalls, sich auf die Förderung von Arbeitnehmerqualitäten zu beschränken und an der Idee von Vollbeschäftigung festzuhalten. Notwendig ist vielmehr eine Erziehung zu unternehmerischem Handeln vom jüngsten Alter an. Die Heranwachsenden dürfen nicht zu hilflosen Opfern eines umfassenden Strukturwandels werden, sondern sollten frühzeitig lernen, ihr Leben selbst in die Hand zu nehmen. Bildung und Erziehung wird zunehmend bedeuten, bei Kindern und Jugendlichen Eigenaktivität, Eigenverantwortung und unternehmerische Kreativität zu stärken, Motive und Willensqualitäten zu entwickeln.

Das Bildungswesen ist gefordert, Grundlagen für eine Kultur der Selbstständigkeit zu legen

Ausgetretene Pfade verlassen

Würde das nicht bedeuten, dass Pädagogen und Pädagoginnen aufgefordert sind, aus ihren Nischen he-

Erkunden

Darf Pädagogik nichts mit Markt und Wirtschaft zu tun haben?

rauszukommen und sich den Veränderungen der Gegenwart und Zukunft zu stellen? Pädagogen finden immer wieder Begründungen dafür, warum Pädagogik nichts mit Markt und Wettbewerb zu tun haben dürfe. In Abwehr zu verharren, sich nicht der Realität zu stellen und keine eigene Position dazu zu entwickeln, behindern aber eher innovative Entwicklungen.

Ist vielen Pädagogen unternehmerisches Tun unheimlich, weil ihnen die Erwirtschaftung von Gewinn anrüchig erscheint? Nicht wenige denken mit Schrecken daran, sich dem Risiko einer selbstständigen Tätigkeit auszusetzen und sich dem Wettbewerb zu stellen. Ihnen ist eine Tätigkeit als Beamter oder Angestellter im öffentlichen Dienst sicherer. Unternehmerisches Handeln wird oftmals als Absonderlichkeit gedeutet, weniger als positive Grundeigenschaft. Es wäre also darüber nachzudenken: Erziehen Lehrer(innen) und Erzie-

Die Pädagogik neu denken, oder: Welche Antworten haben die Pädagogen?

herinnen die Kinder zu unternehmerisch denkenden Personen? Fördern sie die Entwicklung und Verfolgung ungewöhnlicher Ideen, das Querdenken, die Freude am Nachdenken und Sinnieren? Sind Ideenfindung und -entwicklung, das Erkennen und Fördern von individuellen Fähigkeiten und Eigenheiten, der Stärken des Kindes nicht seit jeher zutiefst Anliegen der Pädagogik?

Gefragt sind innovative pädagogische Konzepte, die auf die Herausforderungen gegenwärtiger und absehbarer gesellschaftlicher Entwicklungen konstruktiv antworten; Konzepte, die darauf ausgerichtet sind, Kinder für die gegenwärtige und zukünftige Arbeits- und Lebenswelt handlungsfähig zu machen.

Schüler und Schülerinnen als Unternehmer

„Unser Chef geht in die 9b." Was verbirgt sich hinter diesem Buchtitel? Hier geht es um Lehrer(innen) und Schüler(innen), die die pädagogische Provinz verlassen haben und sozialunternehmerisch handeln. Sie haben ihre Schule nach außen geöffnet und lernen – mit dem realen Leben verbunden –, Unternehmergeist zu entwickeln.

Ausgehend von Projekten an englischen Schulen (Education for Enterprise) unterstützten Modellprojekte an deutschen Schulen diese Reformbemühungen unter dem Stichwort „Erziehung zu Eigeninitiative und Unternehmergeist" (Köditz/Jammer 1994).

Das Lernen in abgeschotteten Unterrichtsfächern wird hier aufgebrochen, das schulische Lernen bekommt Echtheitscharakter und Realitätsbezug. Was tut sich dort?

Schüler gründen gewinnorientierte Schülerunternehmen, Mini-Schülerfirmen, in denen sie eigene unternehmerische Ideen entwickeln und umsetzen, ein Produkt herstellen bzw. eine Dienstleistung erbringen, die sie entweder in der Schule oder außerhalb der Schule verkaufen. Dabei

„Unser Chef geht in die 9b." – Schüler gründen gewinnorientierte Schülerunternehmen

Erkunden

organisieren die Schüler in jeder Hinsicht einen eigenen Wirtschaftsbetrieb: Sie bemühen sich um die Buchhaltung, versuchen, einen Gewinn zu erwirtschaften, den Ablauf zu planen und zu koordinieren. Sie werden so in die Möglichkeiten einer selbstständigen Existenzgründung eingeführt. Teilweise können sich die Schüler in Form von Aktien (für fünf oder zehn Mark) an diesem Schülerunternehmen beteiligen.
In diesen Schulen werden alle möglichen Dinge und Leistungen angeboten, so zum Beispiel
- der schuleigene Kiosk zur Pausenversorgung „Mc School",
- das Schülerreisebüro „Power-Tours",
- die Anfertigung einer Stadtteilzeitung, gedruckt in der Schülerdruckerei,
- die Fahrradreparaturwerkstatt, ein Service für die gesamte Stadt,
- Textilgestaltung mit Verkauf von Bildern, Tüchern, Decken auf den Wochenmärkten,
- Bedrucken von Einkaufstaschen und T-Shirts im Auftrag von Firmen, Institutionen und Vereinen,
- ein Schülerclub,
- Angebote des Schülertheaters und des Chors als Serviceleistung für die Umrahmung von Festen und Feiern.

„Es macht Spaß, etwas gemeinsam zu tun. Es ist schon ein tolles Gefühl, mit richtigen Produkten und Gewinnen zu wirtschaften und selbst Geld zu verdienen", schwärmen die Schülerinnen und Schüler.
Die jungen Mitarbeiter können so in „echten Lebenssituationen" ihr Wissen und Können anwenden und erweitern, ihr Selbstvertrauen und Selbstbewusstsein stärken, Eigeninitiative und Kreativität entwickeln, Selbstständigkeit im Denken erproben und Konsequenzen ihres Handelns erleben. Das ist Pädagogik, die am gesellschaftlichen Leben orientiert ist, die sich auf das tatsächliche Leben einlässt, die Kindern und Jugendlichen hilft, lebenstüchtig den Ansprüchen der Arbeits- und Lebenswelt gegenüberzutreten; als ein Lernen im Leben für das Leben.

Es ist ein tolles Gefühl, selbst Geld zu verdienen

> Das meiste Lernen resultiert nicht aus dem Unterricht. Es ist vielmehr das Resultat der ungehinderten Teilnahme an relevanter Umgebung.
> (Ivan Illich)

Unternehmergeist und Eigeninitiative – Welche Möglichkeiten hat die Kita?

Wie kann in der Kita eine „culture of entrepreneurship" entfaltet werden? Um über diese Fragen intensiver nachzudenken, konstruktive Antworten zu finden und in der Praxis zu erproben, schlossen sich interessierte Erzieherinnen in einer Entwicklungsgruppe zusammen.

Inwiefern ist es mir als Erzieherin einsichtig und wichtig, in der Kita Unternehmergeist und Eigeninitiative zu entwickeln?

Das war eine wichtige Frage zu Beginn. Erzieherinnen überlegten, warum sie sich für Ökonomie und wirtschaftliche Probleme kaum interessierten. Viele stehen der Marktwirtschaft als Gesellschaftsmodell eher skeptisch gegenüber.
Eine Auseinandersetzung mit wirtschaftlichen Trends und eine erste Verständigung über Grundbegriffe wie „Unternehmen", „entrepreneurship", „unternehmerische Idee" oder „Marktanalyse" ließ die Anti-Ökonomie-Haltung etwas bröckeln. Erzieherinnen erinnerten sich plötzlich an junge Existenzgründer in der eigenen Familie und unter den Eltern und fanden dabei viele theoretische Gedanken bestätigt. Schaut man nämlich genauer hin, sind es gerade die kleinen und mittelständischen Unternehmen, die eine wichtige Rolle in der wirtschaftlichen Entwicklung der Region und bei der Schaffung von Arbeitsplätzen einnehmen.
Im Verlauf der Auseinandersetzung wurde es für viele immer interessanter, sich mit solchen Fragen auseinander zu setzen. Erzieherinnen bekamen Lust, mit Kolleginnen, mit Eltern darüber ins Gespräch zu kommen und gründlicher darüber nachzudenken, welche Konsequenzen das für die Arbeit in der Kita haben könnte.

Welche Eigenschaften und Fähigkeiten zeichnen erfolgreiche Existenzgründer und Unternehmer aus?

Das Nachdenken über diese Frage war ein weiterer wichtiger Schritt bei der Auseinandersetzung mit diesem Thema.

Es wird interessant, sich mit ökonomischen Fragen auseinander zu setzen

Erkunden

Kreativität, Risikobereitschaft, Initiative sind wesentliche Grundqualifikationen unternehmerischen Handelns

Wesentliche Eigenschaften und Fähigkeiten unternehmerischen Handelns – darüber waren sich die Erzieherinnen schnell einig – sind: Selbstvertrauen und Selbstwertgefühl, Mut, Teamfähigkeit, Fairness, Kreativität und Originalität, Unabhängigkeitsstreben, Flexibilität, „Querdenken", Ausbrechen aus gewohnten Denkstrukturen, Zielstrebigkeit, Durchsetzungsvermögen, Beharrlichkeit, Durchhaltevermögen, Willensstärke, Marktverständnis und betriebswirtschaftliches Grundwissen.

Besonders wichtig war den Erzieherinnen die Verantwortung der Unternehmer für die sorgsame Verwendung der natürlichen Ressourcen und finanziellen Mittel sowie die Verpflichtung gegenüber gesellschaftlichen Grundwerten.

Der Berliner Psychologe Peter Goebel untersuchte die Biographien erfolgreicher Jungunternehmer, um herauszufinden, welche Persönlichkeitseigenschaften für unternehmerisches Handeln wichtig sind. Er sieht sie in Folgendem:

- Sich einer Aufgabe völlig hingeben, sich darin verlieren können, oftmals einseitigen Interessen nachgehen (was zu Problemen im Familienleben führen kann), Hang zum Ungewöhnlichen, sich dabei von Schwierigkeiten nicht entmutigen lassen, Sinnierkraft und die Entwicklung origineller Ideen
- Bereitschaft und Fähigkeit, auf andere Menschen zuzugehen, sich Verbündete für seine Ideen zu suchen, Kontakt- und Beziehungsfähigkeit
- Vertrauen und Glauben an die eigenen Kräfte, Zuversicht, innere Autonomie
- Lust darauf, Probleme anzupacken und zu lösen, Beharrlichkeit, Fähigkeit, Bekanntes aus anderen Perspektiven und in neuen Zusammenhängen zu sehen.

Goebels Untersuchungen weisen nach, dass der Grundstein für die Entwicklung solcher Eigenschaften

Unternehmergeist und Eigeninitiative – Welche Möglichkeiten hat die Kita?

bereits in früher Kindheit gelegt wird: „Kinder spüren, suchen und finden in sich ihre Kräfte und Fähigkeiten, sofern ihre Umwelt sie nicht allzu sehr einschränkt oder vernachlässigt. Sie bemühen sich, sie zu entwickeln, da sie ein positives Selbstwertgefühl erzeugen, das durch die positive Resonanz ihrer Umwelt auf ihre Aktivitäten verstärkt wird. Das positive Selbstwertgefühl gibt ihnen Selbstvertrauen und Mut, sich den vielen Erfahrungsmöglichkeiten, die das Leben bietet, zu stellen und trägt somit zur Entfaltung der in ihnen steckenden Kräfte bei." (Goebel 1990, S. 23)

Welche Grundlagen für unternehmerisches Handeln bietet das Leben in der Kita?

Vom jüngsten Alter an sollten Kinder die Möglichkeit erhalten, verschiedene Interessen zu entwickeln, ihren Hobbys mit Beharrlichkeit nachzugehen, ihre Freude am Basteln, Tüfteln, Ausprobieren und Entdecken von Neuem auszuleben, ihren Gestaltungsdrang zu befriedigen, ihre Freude am Nachdenken, Sinnieren zu entwickeln, eigene Ideen mit Ausdauer zu verwirklichen, dabei auch ungewöhnliche Lösungswege zu finden, Misserfolge zu verkraften und Schwierigkeiten zu überwinden. Bei alldem sind ihr Selbstbewusstsein, ihr Vertrauen in die eigenen Kräfte und ihr Gemeinschaftsgefühl zu bestärken. Für die Entwicklung solcher unternehmerischen Fähigkeiten brauchen Kinder neben einem anregungs- reichen Umfeld Raum und Zeit, sich selbst ausprobieren zu können, Erwachsene, die sich für ihre Vorhaben und Ideen interessieren und sie in ihrem Tun anregen, unterstützen und ermutigen, die sich neugierig auf den gemeinsamen Lernprozess einlassen.

Der Grundstein wird früh gelegt

Das ist ein hoher Anspruch an die Arbeit in Kindertagesstätten. Wie sieht es mit der Umsetzung nun konkret in jeder Kita aus? In welche Richtung ist die Praxis weiterzudenken? Folgende Leitfragen waren den Erzieherinnen bei dieser Analyse eine Hilfe:
• Inwieweit stimuliert die Raumgestaltung eigenständiges Ausprobieren, Erkunden, Entdecken, Erforschen, kreatives Tätigsein?
• Inwieweit fördert das (Spiel-)Mate-

Die richtigen Fragen führen weiter

Erkunden

Die gesamte Atmosphäre in der Kita stimuliert das entdeckende und forschende Lernen

rial Ideenreichtum und Kreativität, regt es die Kinder zum Experimentieren und schöpferischen Gestalten an?
• Welchen Spielraum lässt der Tagesablauf, damit Kinder ihr Tätigsein frei bestimmen und mit Beharrlichkeit und Ausdauer verfolgen können?
• Welche originellen Einfälle, Ideen, Wünsche werden von den Kindern geäußert? In welcher Weise können sie Eigenes einbringen?
• Inwieweit unterstützen Erzieherinnen und andere Erwachsene die Kinder, ihre Ideen zu organisieren und in die Realität umzusetzen? Was gelingt gut, was ist problematisch?
• Welche Impulse bietet das Umfeld für das Erkunden, Erforschen, Entdecken?

Die Analyse und die Gespräche bei der Bearbeitung dieser Fragen lösten bei den Erzieherinnen intensives Nachdenken aus. Sie hatten sich bereits viele Gedanken über die Raumgestaltung und das Materialangebot gemacht, hatten vieles verändert. Aber reichte das aus für die Förderung von Grundfähigkeiten unternehmerischen Handelns?

Die Gestaltung der Räume ist eine wesentliche Voraussetzung für die entdeckende, forschende und spielerische Auseinandersetzung mit der Realität (siehe hierzu auch: „Wie sieht's denn hier aus? Ein Konzept verändert Räume", in dieser Praxisreihe). Räume in der Kita sollten „Forschungs- und Experimentierfelder" sein, in denen Kinder sich intensiv und mit allen Sinnen bemühen, durch Versuch und Irrtum, durch Bildung von Arbeitshypothesen und ihre Überprüfung ein Welt- und Selbstbild zu entwickeln. Erzieherinnen würden unter dieser Perspektive eine Art von „Forschungsassistentinnen" sein, die die Forschung der Kinder ermöglichen und unterstützen (vgl. Laewen 1997).
Räume, Material und die gesamte Atmosphäre stimulieren die entdeckende, forschende und spielerische Auseinandersetzung mit der Realität.
Erwachsene und Kinder begeben sich gemeinsam in einen Prozess des For-

Unternehmergeist und Eigeninitiative – Welche Möglichkeiten hat die Kita?

schens und Suchens. Erzieherinnen unterstützen die Kinder in ihrem kreativen Handeln, sie helfen ihnen, ihre Ideen zu organisieren und umzusetzen. Kinder sollten nicht mit von Erzieherinnen vorbereiteten und durchdachten Beschäftigungsangeboten unterfordert und mit schnellen besserwisserischen Antworten abgespeist werden. Die Aktivität der Kinder darf sich nicht darauf beschränken, das Vorgedachte und Vorgemachte nachzuahmen. Wie können Kinder eigene originelle Ideen entwickeln und Kreativität entfalten, wenn ihnen ständig Vorgaben gemacht werden?

Inwieweit haben Kinder Lust und Spaß, unternehmerisch tätig zu werden?

Kita neu denken heißt, in ungewohnte Richtungen zu blicken. Und ungewohnt ist in Kitas (noch!) die Idee, dass Kinder produktiv tätig werden mit der Absicht, etwas zu verkaufen oder eine Dienstleistung anzubieten, hiermit Gewinne zu erzielen, um sich damit besondere zusätzliche Wünsche selbst zu finanzieren. Dieser Gedanke stieß sowohl auf Zustimmung als auch auf skeptische Ablehnung, jeweils auch abhängig von den eigenen biographischen Erfahrungen und Kindheitsauffassungen der Erzieherinnen. Manche erinnerten sich, dass sie als Kind viel Spaß am Geldverdienen, am Tauschen und Handeln hatten.
Sind in Kitas ähnliche Projekte denkbar, wie sie in Modellversuchen in Schulen erfolgreich erprobt wurden? Sicherlich nicht in dem Ausmaß und mit der rechtlichen Verbindlichkeit, die zur Gründung von Schul-AGs und Schul-gGmbHs führt. Dennoch, Unternehmergeist ist auch schon bei den Kindern im Kindergarten und Hort ausgeprägt.
Wie ist Pädagogik mit Geldverdienen zu verbinden? Dieser Frage war weiter nachzugehen.

Welche unternehmerischen Strategien können Erzieherinnen zur Profilierung ihrer Kita entwickeln?

Eine Pädagogik, die darauf gerichtet ist, Kindern eine aktive Teilhabe am realen Leben zu ermöglichen und Unternehmergeist zu wecken, braucht

Unternehmerisches Denken braucht ein unternehmerisches Umfeld

Erkunden

auch ein Setting, ein Klima, ein Umfeld, das solches kreatives Tätigsein stützt statt untergräbt, eben eine „culture of entrepreneurship".

Die Erzieherinnen wollten Pädagogik mit Ökonomie sinnvoll verbinden, lernen, mehr markt- und wettbewerbsorientiert zu denken. Sie wollten ihren Kopf für neue Ideen öffnen, ihr Angebotsprofil weiterentwickeln und die Kita effizienter gestalten. Zugleich wollten sie damit auf die knapper werdenden Finanzen in der Haushaltskasse der Träger reagieren und sich mit innovativen Ideen die fehlenden Mittel selbst erwirtschaften.

Wie soll das gehen? Wieder zusätzliche Aufgaben? Wir haben doch schon einiges getan: Flohmärkte, Kita-Feste, Kuchenbasare, Tombolas, Sponsoren gesucht … Ist das noch nicht genug? Viele neue Fragen stellten sich plötzlich:

Beides ist notwendig: Verantwortung des Staates und Eigeninitiative

- Welchen Betreuungsbedarf haben Eltern?
- Was wird im Stadtteil, im Dorf, im Kiez gebraucht?
- Wie kann das Angebot der Kita trotz knapper Kassen attraktiver gestaltet und wie können zugleich zusätzliche Einnahmen erwirtschaftet werden?
- Wo liegen unsere eigenen Stärken und besonderen Fähigkeiten?
- Wen kann man als Ansprechpartner, als Verbündeten gewinnen, mit wem kann man sich vernetzen?
- Welche rechtlichen Rahmenbedingungen sind zu beachten und/oder gegebenenfalls zu verändern?
- Wie wird der Träger reagieren? Spielen wir ihm damit nicht ein Argument zu, die Mittel noch weiter zu kürzen?
- Was spricht für, was gegen eine eigene Trägerschaft? Welche Rechtsformen ermöglichen, die Kita in eigene Regie zu nehmen, pädagogische und wirtschaftliche Entscheidungen eigenständig, freier, autonomer zu treffen?

Erzieherinnen machen sich auf den Weg, das Profil ihrer Kita in Richtung eines sozialen Dienstleistungsunternehmens weiterzudenken.

Um es nochmals zu betonen: Staat und Gesellschaft sollen nicht ihrer Verantwortung für die Durchsetzung des Rechtsanspruchs auf einen Kindergartenplatz sowie auf die Schaffung und die Sicherung entsprechender qualitativer Rahmenbedingungen enthoben werden. Niemand wird bestreiten, dass Kindererziehung zunächst einmal Verantwortung der Eltern ist. Die Notwendigkeit und der Wunsch zur Vereinbarkeit von Erziehung und Erwerbstätigkeit, die Veränderungen in den Familienstrukturen und die Belastungen in den Familien erfordern dennoch staatliches Handeln. Der Staat kann sich seiner Mitverantwortung für die nachwachsende Generation – eben auch für die finanzielle Absicherung von Kindertagesstätten – nicht entziehen. Doch angesichts der angespannten Finanzlage sich allein darauf zu verlassen, wäre verfehlt. Da sind auch Eigeninitiative und Unternehmergeist von Eltern und Erzieherinnen gefragt (vgl. Dichans 1997).

Unternehmergeist und Eigeninitiative – Welche Möglichkeiten hat die Kita?

2. Entscheiden – Ziele festlegen

Nach den Planungsschritten des Situationsansatzes gilt es nun, die Ziele für das weitere pädagogische Vorgehen zu entwickeln und zu begründen, dem praktischen Handeln Orientierung und Richtung zu geben. Erzieherinnen, die mit ihren Kindern Unternehmergeist entwickeln wollen, finden in diesem Kapitel dafür konkrete Hilfen.

Die Erfahrungen und Kompetenzen, die sich Kinder und Erzieherinnen aneignen können, liegen auf verschiedenen Ebenen:

- Wie kann in der Kita ein Klima entstehen, in dem die Kinder selbst aktiv werden, wie kann man ihren Forscherdrang und ihre Neugier anregen?
- Wie können Kinder und Erzieherinnen gemeinsam unternehmerische Projekte entwickeln und umsetzen? Wie kann man das in Ernstsituationen einbetten, damit Kinder erste Fähigkeiten und Kompetenzen unternehmerischen Handelns dabei erwerben können?
- Was können Erzieherinnen tun, damit sie ihre Kita wettbewerbsfähig machen? Wie ist es möglich, die Kita als attraktives soziales Dienstleistungsunternehmen im Wohngebiet zu etablieren – mit eigenen Einnahmen?

Entscheiden

Das Kind als Forscher und Erfinder

Kinder sind von Natur aus neugierig

Die Analyse von Unternehmerbiographien macht deutlich, dass Kinder Anregung, Zeit und vor allem Anerkennung ihres Tuns für die Entfaltung der Kreativität brauchen. „Wenn kindliches Interesse sich entfalten kann, wenn der Aufforderungscharakter der Welt, ihre stimulierende Wirkung groß ist, wenn Hingabe und Sinnierkraft ... hinzukommt, dann entsteht Kreativität ... Erfährt die keimende Kreativität eine positive Sozialisation – was immer Angstfreiheit, Selbstbestimmung und Handlungsspielraum bedeutet –, ... wird sie in ein Wertsystem eingebettet, das Selbständigkeit als Erfahrungsmöglichkeit vorsieht, dann ist der Weg für die Umwandlung der Kreativität in unternehmerische Kreativität frei" (Goebel 1996, S. 212).

Kinder tüfteln und basteln gern

Deutlich wird bei der Analyse von Unternehmerbiographien auch, wie viele von ihnen als Kinder gern herumbastelten und tüftelten, bereits von bestimmten Ideen besessen waren, regelrecht einen „Fimmel" entwickelten. Kein Gerät war vor ihnen sicher. Das stand häufig im Widerspruch zu ihrem Engagement in der Schule, in der sie mit ihren speziellen Interessen, ihrem Sinnierwillen oft nicht zum Zuge kamen, eher gebremst wurden.

Das Kind will von sich aus etwas unternehmen

Der Situationsansatz geht von der Annahme aus, dass sich das Kind im Prozess der Auseinandersetzung mit seiner Umwelt, durch aktive Teilhabe am Leben („in relevanter Umgebung") selbst entwickelt. Das Kind ist ein forschendes und problemlösendes Wesen. Es ist von Natur aus neugierig. Es will sich mit sich selbst, mit seinem näheren und weiteren Umfeld auseinander setzen. Es möchte alles ausprobieren, alles anfassen, alles begreifen. Kurz: Es ist Mitschöpfer, Konstrukteur seiner Person.

Das Kind als Forscher und Erfinder

> Manfred von Ardenne, bedeutender Wissenschaftler, Forscher in der Kernphysik und Medizin:
> „Ja, ich war ein miserabler Schüler ... Die Schulzeit empfand ich als ziemlich belastend. Ich hatte das Gefühl, daß sie mir etwas von der kostbaren Freizeit nahm, in der ich ständig mit irgendwelchen Versuchen beschäftigt war. Das waren zunächst chemische Experimente (z. B. sogenannte Stinkbomben). Nachdem aber durch Explosion die Sicherheit meiner Familie in Gefahr geriet, widmete ich mich der Physik." (Wochenmagazin der Zeitschrift „Die Märkische", 17. 1. 1997)

Die Fähigkeiten zum Forschen und Lernen sind von Geburt an vorhanden. Das Kind will selbst etwas unternehmen, seine Erfahrungen, seine Kenntnisse und Fähigkeiten erweitern. Die Kindergruppe ist ein „Sammelbecken" von Neugier, Erfahrung, Fähigkeiten, in dem jeder Eigenes – auch Ungewöhnliches – einbringen kann.

Ein grundlegendes Bedürfnis von Kindern ist es, Details tiefer zu erforschen, Zusammenhänge zu erfassen. Die von ihnen aufmerksam wahrgenommenen Vorgänge und Erscheinungen veranlassen sie zu vielen Feststellungen, Überlegungen und Fragen:

- Wo schläft die Sonne in der Nacht?
- Wie kommt der Schnupfen in den Kopf?
- Warum können Schiffe schwimmen?
- Woher kommt der Regen?
- Woraus wird Parfüm gemacht?
- Wie funktioniert der Wecker?
- Wie kommt das Bild in den Fernseher?

Jede Erzieherin kennt dieses Warum-Darum-Spiel ihrer neugierigen Kinder.

Kinder brauchen ein Gegenüber

Erzieherinnen, die nach dem Situationsansatz arbeiten, gehen mit den Kindern dieser Neugier nach. Sie unterstützen sie in ihrem Forscherdrang und helfen ihnen, tiefer in die Dinge und Erscheinungen einzudringen. Kinder brauchen ein Gegenüber, das ihre Aktivitäten und Gedanken wahrnimmt, sich für ihre Ideen interessiert und sie ernst nimmt, sie in ihrem Tun bekräftigt und anregt. Die Fragen, Interessen und Bedürfnisse der Kinder stehen im Vordergrund. Nur so kann erreicht werden, dass die Kinder Interesse an ihrer Tätigkeit haben, sich darin vertiefen, Ausdauer und Beharrlichkeit entwickeln, nicht so schnell aufgeben oder die Lust verlieren. Deshalb kommt es für Erwachsene insbesondere darauf an, genau hinzusehen und hinzuhören, was pas-

Erzieherinnen gehen der Neugier der Kinder nach

Entscheiden

siert, welche Gedanken und Vorstellungen Kinder haben, wie sie zu neuen Ideen kommen, wie Kinder denken, fühlen und wahrnehmen.

Die Reggio-Pädagogik zeigt beispielhaft, wie Kinder ihre individuellen Potenzen im eigenen kreativen Tun entwickeln und ausdrücken können. Auf diese Weise können sie ihre Umwelt auf vielfältige Art mit allen Sinnen wahrnehmen und ihre Erlebnisse, Eindrücke und Erfahrungen mit den ihnen gemäßen Ausdrucksmitteln – den „hundert Sprachen" – gestalten. Davon können auch Erzieherinnen viel lernen, die nach dem Situationsansatz arbeiten.

Je größer das Anregungspotential ist, je mehr Selbstbestimmung und Eigeninitiative erwünscht sind, umso mehr Erfahrungen und Kompetenzen können sich die Kinder aneignen. Außerdem lernen die Kinder etwas Wesentliches für ihr Leben: Durch eigenes kreatives Tun, durch Forschen, Erkunden, Experimentieren und Nachfragen wird die Welt durchschaubarer. Mithilfe von Wissen und Fantasie kann man zu neuen Ideen und Lösungsmöglichkeiten kommen.

Mit Wissen und Fantasie kommt man auf neue Ideen

Welche Erfahrungen und Kompetenzen sollten die Kinder deshalb erwerben können?

Zum Beispiel diese:
- dass man eigene Wünsche und Bedürfnisse äußern und entsprechend seinen Wünschen und Interessen tätig sein kann,
- dass jedes Kind anders sein und anders als die anderen denken darf – auch völlig ungewöhnliche Ideen haben kann,
- dass man Eigenes einbringen, Hobbys entwickeln und ausleben kann,
- wie man experimentieren, herumtüfteln, Dinge untersuchen, Materialien verschieden einsetzen, die Umgebung erforschen und erkunden kann und dass das Spaß macht,
- dass man etwas kann, und was man nicht weiß, kann man dazulernen,
- dass Eigeninitiative und Ideen gefragt sind und anerkannt werden,
- dass man Fehler machen darf,
- dass man bei Schwierigkeiten nicht gleich aufgeben, vor Problemen nicht zurückzuschrecken braucht,
- dass die eigenen Ideen und Vorschläge auch abgelehnt werden können, dass man deshalb aber nicht gleich aufgeben darf,
- dass sich nicht jede Idee tatsächlich verwirklichen lässt,
- dass Erwachsene Vorschläge und Ideen von Kindern – auch Ungewöhnliches – ernst nehmen, sich dafür interessieren und helfen, diese zu verwirklichen,
- dass man Ideen und Wünsche anderer Kinder anerkennt und wie man auf Vorschläge anderer eingehen kann.

Und das Ganze gilt auch für die Erzieherin selbst.

Die Kinder unternehmen etwas

Ein handlungsleitendes Prinzip des Situationsansatzes orientiert darauf, dass Kinder vor allem in realen Lebenssituationen lernen. Kinder eignen sich durch eigenes Tun und Handeln in der Lebenswirklichkeit, in „Ernstsituationen", Kenntnisse, Fähigkeiten und Fertigkeiten an, die sie zur Bewältigung von gegenwärtigen und zukünftigen Lebenssituationen brauchen: Lernen im realen Leben statt in inszenierten pädagogischen Übungen, Angeboten, atomisierten Beschäftigungen; ein Lernen im Leben für das Leben.

Zum realen Leben der Kinder gehört auch, dass sie selbst und ihre Eltern viele Wünsche haben, deren Realisierung meistens viel Geld kostet. Sie hören und erleben, wie ihre Eltern belastet sind, um in Zeiten zugespitzter wirtschaftlicher Probleme auf dem Arbeitsmarkt bestehen und Geld verdienen zu können.

Kann es für Kinder nicht spannend und lustvoll sein, unternehmerisch tätig zu werden, um sich ihre Wünsche selbst zu finanzieren? Kinder dürfen nicht in eine passive Rolle gedrängt und von wichtigen Bereichen des gesellschaftlichen Lebens – und ein solcher ist die Wirtschaft – ausgeschlossen werden. Vielmehr ist eine Pädagogik notwendig, durch die schon Kinder lernen, „auf die eigenen Füße zu fallen" (Jürgen Zimmer). Wie im „echten Leben" können Kinder kleine unternehmerische Initiativen entwickeln und Geld verdienen. Hier ist an den Interessen der Kinder und deren Entwicklungsvoraussetzungen anzuknüpfen. Was macht ihnen Spaß? Was können sie bewältigen, was könnte sie überfordern? Wobei können sie weitgehend eigenständig tätig sein, wobei brauchen sie unsere Hilfe? Das sind Fragen, die sich jede Erzieherin vor Beginn einer solchen Unternehmung stellen sollte. Wichtig ist, dass die Kinder erleben, dass ihr unternehmerisches Vorhaben von Bedeutung für andere ist, dass ihr Angebot nützlich ist und gebraucht wird. Die Tätigkeiten sollten mit den Kindern genau geplant werden: Was ist alles zu tun? Was machen wir

Für Kinder ist es aufregend, unternehmerisch tätig zu werden

Entscheiden

Kinder lernen vieles durch Teilhabe am realen Leben

zuerst, wer macht was, was ist gemeinsam zu tun, wie lange dauert es? Wie soll das Ergebnis erreicht werden?

Es macht Kindern Spaß und erfüllt sie mit Stolz, wenn sie das, was sie in anstrengender Arbeit selbst hergestellt haben, an andere verkaufen können. Kinder erlernen darüber hinaus Fähigkeiten, die ihnen im späteren Arbeitsleben nützlich sein können: eigene Ideen zu entwickeln, die Arbeit zu planen, sich für eine übernommene Aufgabe verantwortlich zu fühlen, sich mit anderen abzusprechen, zu kooperieren, und nicht zuletzt eignen sie sich einfache technische und handwerkliche Fähigkeiten an. Mit dem selbst verdienten Geld kann geplant und ausgehandelt werden, welcher Wunsch zuerst erfüllt wird, was danach gemacht werden kann. Sie lernen, ihre Ausgaben zu planen.

Auf diese Weise fühlen sich Kinder finanziell unabhängig, ihr Selbstbewusstsein und das Vertrauen in die eigenen Fähigkeiten werden gesteigert.

Kinder erwerben Fähigkeiten, die ihnen im späteren Arbeitsleben nützlich sein können

Natürlich ist die Kita kein Wirtschaftsunternehmen, sondern eine sozialpädagogische Institution! Deshalb ist bei all diesen Überlegungen und Vorhaben das pädagogische Anliegen nicht zu vergessen und immer zu beachten: Kinder können im ernsthaften Tun, durch Teilhabe am realen Leben Bedeutsames für ihre Entwicklung lernen. Wesentliche Potenzen des Lebens in der Kita wären aber verschenkt, wenn die Eigenaktivität und Produktivität der Kinder nur im spielerischen und künstlerischen Bereich ihren Platz hätte und sie im tatsächlichen Leben kaum eine Chance hätten, echte Verantwortung zu übernehmen und Erfahrungen zu sammeln.

In Reaktion auf einen Artikel von Zimmer zu diesem Problem schreibt ein Leser in der Zeitschrift „klein & groß":

„Während das Kind im 19. Jahrhundert arbeiten mußte, muß es heute spielen. Das heißt, es wird von wesentlichen Lebensbereichen der Erwachsenen – Arbeit und Politik – ausgegrenzt. Damit sind riesengroße Verluste in bezug auf die erzieherischen Möglichkeiten verlorengegangen. Das Kind spürt, daß es in Lebensbereiche abgedrängt wird, in denen es nicht so sehr ‚darauf ankommt'. Kurz, es wird bei allem guten Willen der beteiligten Personen nicht ernst genommen." („klein & groß", Heft 2/1996, S. 3).

Was sollten Kinder im Einzelnen lernen können? Vor allem dies:
- wie man praktisch unternehmerisch tätig sein kann, z. B. mit pfiffigen Ideen Gegenstände herstellen bzw. Leistungen anbieten kann,
- dass man sich neues Wissen und kommerzielle Fähigkeiten unternehmerischen Handelns (z. B. Bedarfs-, und Marktanalyse, Herstellung, Verkauf und Gewinn) aneignen kann,
- dass Ideenreichtum und Findigkeit gefragt sind; verkaufen lässt sich nur, was andere gebrauchen können,
- dass die Anstrengungen (Arbeit) einen Sinn haben; andere freuen sich

Die Kinder unternehmen etwas

darüber, das kaufen zu können,
- wie man Vorhaben gemeinsam planen und arbeitsteilig vorgehen kann,
- dass man seine Aufgaben entsprechend der getroffenen Absprachen verlässlich erfüllen muss,
- dass man andere Kinder, Erwachsene und Experten (z. B. Unternehmer) ansprechen und um Unterstützung bitten kann,
- dass man die Folgen eigenen Tuns beachten muss.

Entscheiden

Die Kita als soziales Dienstleistungsunternehmen

Kitas verursachen nicht nur Kosten, sie können auch selbst Gewinn erwirtschaften

Kindertagesstätten verursachen nicht nur Kosten, sie können auch Einnahmen erwirtschaften. Das hört sich ungewöhnlich an.
Aber in Zeiten wachsender wirtschaftlicher Probleme, knapper werdender Kassen und drohender Entlassungen (besonders in den neuen Bundesländern) kommen Erzieherinnen nicht umhin – wollen sie nicht in Resignation verfallen –, nach Wegen zu suchen, ihre Kita wettbewerbsfähig und attraktiv zu machen.
Wie sieht das nun in der Praxis aus?

Erzieherinnen sammeln Erfahrungen als soziale Unternehmerinnen

In Einrichtungen kommunaler oder freier Trägerschaft sollte darüber nachgedacht werden, wie durch Differenzierung und Erweiterung ihres Angebotes und Leistungsspektrums fehlende Mittel zur Grundfinanzierung selbst erwirtschaft werden können. Erzieherinnen, die ihrer Kündigung entgehen wollten, haben ihre Kita in die eigene Hand, das heißt, in eigene Trägerschaft genommen und sich dafür geeignete Rechtsformen wie gemeinnützige Vereine, gemeinnützige GmbH oder GbR gegeben.
So werden über die wirtschaftlichen Zwänge Kitas neu gedacht, bilden sich neue Einrichtungsprofile heraus. Dafür ist es notwendig, die Bedarfssituation im Dorf, in der Stadt genau zu ergründen – eine Marktanalyse zu machen (was wird gebraucht, wo liegen die Bedürfnisse oder Betreuungslücken, was ist wichtig im Wohngebiet, mit wem kann man sich verbünden, wo findet man Unterstützung, auch Sponsoren?).
Vielerorts entwickeln sich Kitas zu modernen Dienstleistungsunternehmen mit erweiterten Angeboten. Eine solche Profilierung kommt den Bedürfnissen der Eltern sehr entgegen, denn bisher besteht kaum ein ausreichendes, flexibles und bedarfsgerechtes Betreuungsangebot für Kinder.
Diese Dienstleistungsangebote werden von den Menschen in der Gemeinde oder im Stadtteil genutzt und von diesen vergütet wie andere Dienstleistungen auch.
Die Kita öffnet sich somit zum Stadtteil und schafft gleichzeitig neue Lernfelder für die Kinder und Erzieherinnen.

Welche neuen Lernchancen eröffnen sich für Erzieherinnen?

Zum Beispiel diese:
• wie man auf Veränderungen in der Arbeitsmarktsituation mit Eigeninitiative reagieren, nach unternehmerischen Alternativen suchen und sich neue Arbeitsfelder erschließen kann,
• dass eine gründliche Marktanalyse die entscheidende Voraussetzung für den Erfolg eines Unternehmens ist (offen sein, Veränderungen wahrnehmen, neue Situationen bemerken),
• wie man eigene Erfahrungen, Kenntnisse und besondere Fähigkeiten zur Entwicklung und Verwirklichung einer unternehmerischen Idee

Die Kita als soziales Dienstleistungsunternehmen

nutzen kann (was kann ich, was ist „mein Ding"?),
- wie man gemeinsam mit Kindern unternehmerische Ideen für ein produktives Tätigsein entwickeln und realisieren kann, um finanzielle Mittel zu erwirtschaften,
- wie man andere Vereine, Institutionen, Betriebe für eine unternehmerische Zusammenarbeit gewinnen kann (Kooperation und Vernetzung),
- dass Kenntnisse über betriebswirtschaftliche Zusammenhänge wichtige Voraussetzungen für die Gründung eines Unternehmens sind,
- dass ein selbstständiges Unternehmen zu gründen, Courage und Eigeninitiative, Durchsetzungsvermögen und auch die Bereitschaft zu persönlichen Opfern erfordert,
- dass es Freude und Genugtuung bereitet, eine unternehmerische Idee zu entwickeln und am Markt einzuführen,
- dass man sich notwendige Rechtskenntnisse (z. B. über die Gründung von Fördervereinen bzw. juristisch selbstständigen Unternehmen) aneignen muss.

3. Handeln – Situationen gestalten

Warum züchten Kinder Regenwürmer und verkaufen sie an die Angler im Dorf? Wieso gibt es in der Kita jetzt ein Café, in dem die Kinder Klein und Groß mit frisch geröstetem Popcorn, selbst gerührtem Fruchtjoghurt und Kräuterquark bedienen und auch die Finanzen in die eigenen Hände nehmen?

Weil die Erzieherinnen dort überzeugt sind, dass schon Kinder „etwas unternehmen" können. Weil sie die Kinder darin unterstützen, erfinderisch, ideenreich und eigeninitiativ zu werden. Sich etwas zutrauen, Vorhaben gut planen und beharrlich umsetzen, gelingt vorzüglich in „echten" Situationen.

Aber auch ein Kita-Alltag, in dem gespielt, geknobelt, experimentiert wird und ungewöhnlichste Einfälle ihren Platz haben, fördert unternehmerische Fähigkeiten. Auch die Erzieherin kann unternehmerisch tätig sein.

Das Kapitel zeigt vielfältige praktikable Möglichkeiten auf, wie das gehen kann. Es will Mut machen, selbst solche unternehmerischen Projekte in Angriff zu nehmen.

Handeln

Zu Besuch im „Waldraum"

Vorgeschichte einer Idee

Ich bin neugierig. Warum bezeichnen die Kinder einer Hortgruppe in der Kita „Spatzenhaus" ihren Raum als „Waldraum"? Das klärt sich auf den ersten Blick. Es gibt ausschließlich Fundstücke aus dem Wald wie Baumstämme, größere und kleinere Äste, Zweige, Stöcke, Baumscheiben, Bretter in verschiedenen Längen. In bis zur Decke reichenden Holzregalen, geordnet in Gläsern und Schachteln, befinden sich getrocknete Blumen und Früchte, Blütenstände, Nüsse, große und kleine Steine und verschiedene Materialien wie Stoffreste, Klammern, Kleberollen, Klebstoff, Scheren und vieles andere mehr. In der Ecke steht eine große alte Werkbank mit richtigem Werkzeug und einem Schraubstock. In einer Kiste in der Ecke haben die Kinder zahlreiche andere „Funde", scheinbar wertlosen Abfall, gesammelt. Nichts ist vorgefertigt, die Materialien sind vielseitig einsetzbar und fordern zum fantasievollen Tätigsein heraus.

Wie kam es zu dieser Idee? Die Erzieherin hatte die Kita-Messe in Hannover besucht und war erschlagen von den vielen hypermodern gestylten Möbeln und Materialien. Sie hatte starke Zweifel, ob damit die in den Kindern steckenden schöpferischen Kräfte geweckt und entwickelt werden könnten. Und Geld hatten sie sowieso keines dafür. Als Alternative gestaltete sie mit den Kindern diesen Waldraum.

Ich will genau wissen, was Kinder an diesem Raum reizvoll finden, was sie interessiert, was sie tun. Hier ein kurzer Einblick:

Eine selbst gebastelte Flotte

Tim und Maik zeigen mir aufgeregt ihre selbst gebastelten Schiffe: einen Getreidekutter und einen Fischkutter. In einer Ecke des Zimmers ist aus blauem Stoff das Meer nachempfunden. Große Steine symbolisieren Klippen und Felsen. Verschiedene fantasievoll gestaltete Schiffe „schwimmen" darauf. Eine „Sklaven-

Zu Besuch im „Waldraum"

galeere", eine „Kogge", verschiedene Segelboote werden mir erklärt. Thomas ist am Schraubstock gerade damit beschäftigt, den Rumpf für eine „Karavelle" glatt zu schmirgeln. Was brachte die Kinder auf diese Idee? Eigentlich war es Tom: „Ich bin jedes Wochenende bei meinem Opa an der Oder. Da helfe ich mit, das Futter zu holen und die Kälber zu füttern. Da sehe ich immer den Getreidekutter, der Getreide nach Neukinser und Polen bringt. Da hatte ich die Idee, auch mal einen Kutter zu bauen. Ich habe ein paar Stunden überlegt, dann das Teil für den Schiffsboden aus einem Brett ausgesägt und geschliffen. Dann mit dem Bohrer Löcher gebohrt, Stöcke und Bolzen eingesetzt. Schwierig war es mit den Seitenwänden. Da hat mir die Erzieherin geholfen. Ich hab noch das Fahrerhaus und ein Radlager draufgebaut, damit das Getreide hinten abgeladen werden kann." Diese Schiffsbauidee hat auch bei den anderen Kindern gezündet. Plötzlich fällt Maik die Fahrt auf dem Fischkutter vom letzten Urlaub in Norwegen ein. Auch andere bekommen Lust, ein Schiff zu bauen. Sie holen sich – wie immer – Rat in der Bibliothek. Diesmal finden sie in dem Buch „Schiffsmodelle" aus der Reihe „Was ist was?" (Nürnberg o. J., Band 25) Anregungen für den Bau einer abenteuerlichen und fantasiereichen Flotte. Die Jungen (warum eigentlich nicht die Mädchen?) sind über Tage und Wochen damit beschäftigt.

Ein „Fischkutter", eine „Sklavengaleere" und eine „Kogge"...

Wir spielen „Bank"

Szenenwechsel: Christoph und Susanna spielen „Bank". Domenik hat sich aus Stämmen, Kartons und einem alten Wagenrad ein Polizeiauto mit Funktelefon gebaut und bewacht die Bank vor Raubüberfällen.
Ich bin beeindruckt, welchen Einfallsreichtum und welche erfinderische Fantasie die drei entwickeln. Der Computer der Bank besteht aus einem dicken zurechtgesägten Holzbrett, auf dem die Tastatur aufgezeichnet ist. Als Bildschirm dient eine feste Pappe, die mit einem Brett stabi-

Handeln

Ein selbst gebauter Computer und eine Goldwaschanlage

Der Waschraum wird zum Forschungslabor

lisiert ist. Die „Maus" ist ein glatt geschliffenes Stück Holz, das auf einem Stück Gummiunterlage hin und her geschoben werden kann. Das Wichtigste aber sind die Disketten – glatt geschliffene dünne Baumscheiben, auf die die Daten der Geldanleger, alle Buchungen und Abbuchungen gespeichert werden können. Der Banktresor ist eine ausrangierte Armeekiste, Kochgeschirre von Soldaten fungieren als Tresorfächer. Hier ist viel Geld festgelegt – Steine und „Barren", die mit Goldfarbe besprüht worden sind. Die Bank hat auch einen Briefkasten, einen entsprechend beklebten Pappkarton. Die Kinder werben mich als neue Bankkundin und sofort wird eine neue Diskette mit Kontonummer, Geheimnummer und Passwort angelegt. Das Spiel macht ihnen offensichtlich großen Spaß. Sie zeigen mir gleich auch noch ihre Goldwäscherei, die sie zum gerade erst stattgefundenen Countryfest gebaut hatten. Damit das Goldwaschen auch gut funktioniert, haben sie mithilfe der Erzieherin eine Winde und eine Rinne aus Holz gebaut, mit der das Wasser, vermischt mit Sand und Goldstückchen (mit Goldfarbe besprühte Steine), geschöpft wurde und durchlaufen konnte. Wer sich schnell noch ein Sieb bastelte, konnte Gold waschen. Diese Anlage regt die Kinder immer wieder zu neuen Spielen an.

Experimente im Waschraum

Wieder andere Jungen und Mädchen sind im angrenzenden Waschraum damit beschäftigt, eine Kläranlage zu bauen. Der Raum erweckt den Eindruck eines Forschungslabors. Überall stehen zugeschraubte Gläser gefüllt mit Wasser, verschiedenen Pflanzen und Gräsern, Steinen, Muscheln – „unser Unterwassermuseum", erklären mir die Kinder. Auf den Fensterbrettern stehen Töpfe, in denen aus Blumenablegern, Zwiebeln und Kernen Pflanzen gezüchtet werden. An der Decke hängen Fischernetze, dort werden verschiedenste Materialien gesammelt. Kinder erläutern mir ihr seit einiger Zeit laufendes Experiment, in dem sie die Veränderung verschiedener Materialien in Wasser beobachten wollen. Es interessiert sie, was mit Holz, Bonbons, Metall, Scho-

Zu Besuch im „Waldraum"

kolade, Pflanzen, Stoff und anderen Materialien passiert. Auch die Kinder aus anderen Gruppen finden das spannend und kommen immer wieder mal nachschauen.

Auf einem Tisch in der Ecke haben die Kinder Gläser, Messbecher, Trichter, gesäuberte Arzneimittelflaschen und Röhrchen, Pipetten, Reagenzgläser, verschiedene Schläuche, Farben und Duftstoffe (Parfümreste) gesammelt. Auch Lupen und ein Mikroskop stehen für Untersuchungen zur Verfügung. Gerade als die Kinder mir ihre Kläranlage vorführen wollen, machen sie eine neue Entdeckung: „In unserer Kläranlage wächst was!" Neben Kies und Steinen hatten sie auch Samen von Sonnen- und Studentenblumen als Filtermaterial verwendet. Neue Überlegungen werden angestellt, woher und wie das wohl zum Keimen kam.

Erkundungsgang durch die Kita

Als die Kinder spüren, wie mich ihr erfinderisches Tätigsein interessiert, zeigen sie mir auch gleich noch andere Räume der Kita, die sie jederzeit – in Absprache mit der Erzieherin – besuchen können.

Die Töpferwerkstatt

Da ist die Töpferwerkstatt. Hier kann man aus Modelliermasse, Plastilin (für die jüngeren Kinder) oder Ton fantasievoll gestaltete Gegenstände zum Spiel, zum täglichen Gebrauch oder einfach nur so zum Ansehen modellieren. In den Regalen stehen viele Kunstwerke. Die Kita hat einen Brennofen, der fachmännisch vom Hausmeister bedient wird. Die für die Töpferwerkstatt zuständige Erzieherin steht den Kindern mit Rat und Tat zur Seite. Sie zeigt ihnen die einzelnen Schritte, die Grundfertigkeiten, die für den fachgerechten Umgang mit dem Material erforderlich sind. Viele Gebrauchs- und Kunstgegenstände haben die Kinder für sich oder für die Eltern angefertigt. Was übrig bleibt, wird bei den ver-

Handeln

Töpferwerkstatt, Theater, Atelier – und das alles in der Kita

schiedenen Anlässen verkauft. Die Töpferwerkstatt wird auch von umliegenden Schulen für die Durchführung von Projekttagen genutzt. Es finden Töpferkurse für Jugendliche, Erwachsene und ganze Familien des Wohngebietes statt – natürlich gegen Bezahlung.

Das Theater

Gern treffen sich die Kinder mit anderen im Theaterraum der Kita. Hier stehen ihnen eine Bühne für das Stegreifspiel, eine Puppenbühne mit vielen selbst gebastelten Puppen und Kulissen sowie ein Radio mit Kassettenrekorder zur Verfügung. Hier treffen wir übrigens auch ein paar Mädchen aus der „Waldgruppe". Sie proben gerade für eine „Miniplayback-Show". Seit kurzem gibt es zwei Nähmaschinen, sodass die Kinder sogar ihre Kostüme selbst nähen können. Hier finden Theateraufführungen statt, und es werden viele Feste gefeiert.

Das Atelier

Sehr beliebt ist das Atelier. Hier können Kinder mit den unterschiedlichsten Materialien gestalten und sich in verschiedensten künstlerischen Techniken ausprobieren; von der Seidenmalerei über Öltechniken bis hin zu Emaillearbeiten. Eine solche Ausstattung von Materialien wäre in den einzelnen Gruppenräumen gar nicht möglich. Die gesamte Ausgestaltung des Raumes regt zum kreativen Tun an. Auch im Atelier gibt es verschiedene Angebote für die Anwohner. Die Kinder stellen die Kunstwerke und Objekte in einer Galerie aus. Die Erzieherinnen überlegen mit den Kindern gegenwärtig, ob man auch Räume außerhalb der Kita, zum Beispiel Banken, Kaufhäuser, Hoteleingänge, Apotheken oder Ärztehäuser gegen Bezahlung ausgestalten könnte. Neben der eigenen Küche für die Essensversorgung gibt es noch eine Kinderküche. Hier treffen sich die Arbeitsgruppen „Kochen und Backen" und „Partyservice".

Zu Besuch im „Waldraum"

Alle Räume sind gleichzeitig Gruppenräume der Kinder – die Kinderküche auch. Kinder und Erzieherinnen sind jeweils verantwortlich für die Funktionstüchtigkeit der Räume.

Anregungen für ein eigenständiges schöpferisches Tun

Den Kindern stehen also reichhaltige Möglichkeiten zur Verfügung, ihre besonderen Vorlieben, ihre Interessen, ihre Stärken zu entdecken, ihre Hobbys zu finden, vielleicht auch ihren „Fimmel" auszuleben.
Die Erzieherin berichtet von Kindern, die in der Schule ziemliche Schwierigkeiten haben und wenig Anerkennung bekommen. Sie können in der Kita ihre Fähigkeiten auf anderen Gebieten erproben, Bestätigung finden und ihr Selbstwertgefühl stärken. So kann Tom mit seinen schwachen schulischen Leistungen seine Stärken und handwerklichen Fähigkeiten ins Spiel bringen, sein Selbstvertrauen stärken. Hier zeigt sich – so die Erfahrung der Erzieherin –, wenn Kinder von einer Idee begeistert sind, wenn sie etwas vorhaben, was für sie persönlich bedeutsam ist, für sie einen Sinn hat, dann entwickeln sie große Energien, sich die notwendigen Kenntnisse und Fertigkeiten anzueignen. Sie grübeln nach und überlegen, holen sich Rat aus Büchern und finden auch originelle und fantasievolle Lösungen.
Die Erzieherin ist dabei die Mitlernende, denn wie sich zeigt, muss sie sich immer wieder selbst auf den verschiedensten Gebieten sachkundig machen.
Die wichtigste Voraussetzung für ein interessantes und vielseitiges Leben und Lernen in der Kita sieht die Leiterin darin, dass jede Erzieherin ihre eigenen Stärken fördern und ausleben kann. „Sie muss es gern tun wollen!" Deshalb ist es auch gut, dass jede Erzieherin ihre Gruppenräume in Richtung ihres eigenen Hobbys ausgestalten kann. So steckt sie Kinder und Eltern mit ihrer Begeisterung und ihrem Engagement zu vielseitigem, die Entwicklung förderndem Tun an.

Jeder kann seine Stärken einbringen

Handeln

Das Kindergartenwürfelspiel

Danny will ein Würfelspiel über seinen Kindergarten erfinden

Es regnet und wir spielen im Zimmer. Einige Kinder wissen nicht so recht, was sie spielen wollen. Gelangweilt durchsuchen sie den Spielzeugschrank. Alles schon so oft gespielt! Wir wäre es, wenn wir uns ein neues Spiel ausdenken? Vier Kinder fangen sofort Feuer. Das ist eine prima Idee. Es wird beratschlagt, welcher Art das Spiel sein könnte. Da sie besonders gern Würfelspiele spielen, soll es ein Würfelspiel sein. Wir sehen uns gleich solche Spiele an. Was könnte das Thema unseres Spiels sein? Wir überlegen: Strandleben oder Urlaubsreise? Wir sinnieren weiter. Plötzlich – wir sind gerade auf dem „Mollispielplatz" (Molli ist die Bimmelbahn auf Usedom) – kommt Danny auf die Idee: „Man könnte ein Würfelspiel über unseren Kindergarten machen." Plötzlich sprudeln die Ideen. Der Reiterhof sollte auf dem Spielplan sein, der Blocksberg und das Eichenwäldchen, natürlich auch der Ostseestrand. Aber wie sollte das gehen? Wie konnte das Spiel aufgemalt werden, welche Regeln sollten gelten? Immer mehr Kinder wollen mitmachen. Wir bilden Arbeitsgruppen, die die einzelnen Lieblingsplätze auf kleine Blätter zeichnen beziehungsweise malen sollen. Anschließend wollen wir dann alles ausschneiden und auf einem großen Karton – dem Spielbrett – ordnen und aufkleben. Gesagt, getan! Susi, ein Hortkind, findet unsere Idee toll und malt für uns unseren Kindergarten. Wir sind zufrieden. Nun noch die Spielregeln. „Etwas mit Aussetzen, sonst ist es zu langweilig." „Vielleicht auch mit Zurückgehen." Wieder hat Danny tolle Ideen. „Beim Strand: Badehose vergessen, drei Punkte zurück. Nee: zurück bis zum Kindergarten. Bei den Pferden: ein Lied singen, drei Felder vor." Damit ist Fritzi nicht einverstanden. „Lieber Pferde füttern und reiten." Nach und nach entwickeln sie die Spielregeln. Unser „Lustiges Kindergartenwürfelspiel" ist beliebt bei allen Kindern. Es gefällt ihnen deshalb so gut, weil sie es sich selbst ausgedacht haben und es in Beziehung zu ihren eigenen Erlebnissen steht. Gerade sind wir dabei, ein neues Spiel auszudenken. Dieses Mal ein Laufwettspiel im Garten.

Das Kindergartenwürfelspiel

Die Kinder hatten das Würfelspiel „**Das lustige Kindergartenwürfelspiel**" genannt.

Spielregeln

Roter Punkt: Badehose im Kindergarten vergessen, zurück in die Kita
Strand

Blauer Punkt: Wir rutschen auf der Mollirutsche, 1 x aussetzen
Mollispielplatz

Blauer Punkt: Wir reiten und füttern die Pferde, 2 Punkte zurück
Reiterhof

Blauer Punkt: Die Kinder laufen den Blocksberg runter, 5 Punkte vor
Blocksberg

Blauer Punkt: 5 Kniebeugen und weiter mitspielen
Eichenwäldchen

Das Ziel muss genau gewürfelt werden. Wer zuerst ankommt, ist Sieger.

Handeln

Das Wassermuseum

Das „Wassermuseum" ist ein Unternehmen der 25 Mädchen und Jungen der ersten Klasse – der Hortis der Kita „Spatzenhaus".

Die Erzieherin berichtet:
Seit Wochen beschäftigt uns das Thema „Wasser". Das Interesse wurde ausgelöst durch Diskussionen der Kinder und auch der Eltern: Können wir täglich unser großes Planschbecken zum Baden füllen?
Der Vater von Philipp arbeitet bei der Frankfurter Wasser- und Abwassergesellschaft. Er brachte uns viele große Bildtafeln und Poster mit, zum Beispiel die Schulbildtafeln: Kreislauf des Wassers, Wassergeschichten für Kinder, Verwandlung der Wassertropfen, die Trinkwasserversorgung und die Nutzung des Trinkwassers. So entstand der Gedanke, mit den Kindern ein „Unternehmen Wassermuseum" aufzubauen, da ich hier ausgezeichnete Möglichkeiten sah, meine pädagogischen Anliegen zu verwirklichen und auf der anderen Seite finanzielle Mittel für unsere vielen Wünsche zu erwirtschaften.

Können sich die Kinder für die Idee „Wassermuseum" begeistern?

Pädagogisches Anliegen

Das natürliche Ur-Element Wasser bietet Möglichkeiten, die Kinder über den alltäglichen Umgang mit dem „Lebens-Mittel Wasser", mit dem „Lebens-Spender Wasser" und allen damit verknüpften natürlichen Prozessen und Phänomenen bekannt zu machen. Das sollte spielerisch forschend und mit allen Sinnen erfolgen. Die Vielgestaltigkeit und die erstaunlichen Eigenschaften des Wassers sollten erlebt und erfahren werden können.
Konnte ich die Kinder für die Idee „Wassermuseum" begeistern? Wir hatten bereits das Heimatmuseum in der Stadt besucht. Daran konnte ich anknüpfen. Die Neugier und Spannung der Jungen und Mädchen war sofort geweckt. Wann wird es eröffnet, wer besucht das Museum, was könnte dort alles zu sehen sein, wie viel kostet der Eintritt? – Das waren ihre spontanen Reaktionen. Ja, und wie wollen wir alles vorbereiten, was wird alles gebraucht?

Nun gab es viel zu tun

• Einladung für die Eltern als Flaschenpost gestalten.
• Alte Ansichtskarten sammeln, in anderen Gruppen darum bitten.
• Es werden benötigt: gesiebter Sand, Kieselsteine, Gläser, Löffel, alte Plastilinreste, Lehm, Moos, Trinkhalme, Watte, Schwämme, Schüsseln, Plastikbecher und -körbchen, Pfeifenputzer usw. Überlegen, wo man es finden kann und wo es aufbewahrt wird.

Das Wassermuseum

- Bauen eines Mühlrades in der Interessengruppe „Holz".
- Acht Seltersflaschen unterschiedlich hoch mit Wasser füllen.
- Um herauszufinden, wie viel die Kinder am Tag trinken: Namen an die Tafel schreiben, einen Strich ziehen, wenn eine Tasse Saft oder Tee getrunken wird.
- Usambaraveilchen in Hydro-Gel stecken.
- Aus Pappkartons Guckkästen bauen, die Öffnung muss verschließbar sein.
- Das große Planschbecken der Krippenkinder soll in der Mitte des Museums stehen, wer organisiert das, wer hilft beim Säubern?
- Wir lernen das Seeräuberlied.
- Wer baut in unserem „Waldraum" das tollste Traumschiff?
- In der Kita-Bibliothek alle Bücher heraussuchen, die vom Wasser erzählen.
- Es werden Eintrittskarten für das Museum gebraucht, wer hat eine gute Idee?
- Aufwischwasser, Abwaschwasser, Teichwasser, Regenwasser in Behälter füllen. Aus Zeitungen und Zeitschriften alles über Wasser sammeln.
- Auf der Spielwiese Gräser, Blumen und Beeren pflücken.
- Es gab diverse Anregungen zum Basteln und Malen: Kronenkorkenfrösche, Faltboote, Dampfer und Klammerschiffchen, Schnitzen von Borkenbooten, Transparentfische und Tellerfische, Unterwasserwelt aus Gips, Schneiden von Regen mit der Wellenschere usw.

Beim Malen und Zeichnen standen Themen wie Wasserfälle, Regenbogen, Gewitter und Fische im Vordergrund. Alle Mal-, Zeichen- und Bastelarbeiten dienten zur Dekoration des Wassermuseums.
Spiele wie „Schiff im Sturm", „Korkenfischen", Handpuppenspiel „Kasper im Urlaub" und Wettspiele mit Wasser erhöhten die Vorfreude. Seifenblasenpusten, Wasserbombenwerfen, Ziel- und Musterspritzen sowie das Pfützenwaten waren begehrt.

Alles, was es rund ums Wasser gibt, wird beschafft, gesammelt und erkundet

Handeln

Die Spannung wächst von Tag zu Tag – auch bei den Eltern

Die Spannung wuchs von Tag zu Tag auch bei den Eltern. Günstig war es, dass die Kinder zum Ende des Jahres kaum noch Schularbeiten anfertigen mussten, sodass genügend Zeit für die Vorbereitungen blieb.

Am Nachmittag des vorletzten Schultages räumten wir die beiden Gruppenräume gemeinsam um. Das Planschbecken wurde der Mittelpunkt, die Kinder trugen 70 kleine Eimer Wasser hinein. Das sind genau die 140 Liter, die jeder täglich verbraucht.

Mit Unterstützung einer Mutter und einer Kollegin bauten wir am Abend zuvor und am Vormittag der Eröffnung die verschiedenen Mitmachstationen auf, die Kinder und Eltern zum Handeln mit Wasser auffordern sollten. Wir kennzeichneten den Rundgang mit großen Bildtafeln. Die Kinder konnten ihre bereits erworbenen Kenntnisse anwenden, aber auch Neues entdecken. Wichtig war, dass die Kinder mit den Eltern an den einzelnen Stationen gemeinsam etwas tun konnten.

> Vor dem Betreten des Wassermuseums gilt es einen Muttest zu bestehen.
>
> Die Augen werden verbunden und mit den Händen (oder auch Füßen) fühlen, was sich im Wasser befindet!
>
> (Verschiedene Wasserschüsseln mit Sand, Lehm, Kieselsteinen, Gras und Schilf).

```
Liebe Eltern!
Wir freuen uns, dass das 1. Schuljahr
geschafft ist und die wohlverdienten
Ferien beginnen.
Wir möchten aber schon vorausschauen
auf das 2. Schuljahr und bitten Sie zu
einer Elterninformation am Mittwoch,
den 19.6. um 16.00 Uhr. Gleichzeitig
bitten wir Sie als unsere ersten Gäste
in unser Wassermuseum. Eintritt:
10 Pfennig, 50 Pfennig, eine Mark.
Bitte genau diese Geldstücke passend an
der Museumskasse entrichten.

Mit freundlichen Grüßen
Ihre erste Klasse und Frau P.
```

Aufgeregt erwarteten die Mädchen und Jungen am Nachmittag ihre Eltern. Sie kontrollierten genau, ob der Eintritt passend bei Katja und Anne an der Museumskasse entrichtet wurde. Ich erzählte den Eltern etwas über das pädagogische Anliegen dieses Projektes und hob die Anstrengungen der Kinder in der Vorbereitungsphase hervor.

Rundgang im Wassermuseum

Auch den Eltern war die Spannung anzumerken. „Was ist ein Wassermuseum in der Kita?", lautete auch die Frage vieler Eltern. Stolz führten

Das Wassermuseum

die Kinder ihre Eltern an die einzelnen Stationen, zeigten, bei welchen Aufbauten und Dekorationen sie selbst mitgemacht hatten. Sie achteten darauf, dass beide Eltern die ausgewiesenen Versuche ausführten. Nur drei Eltern zeigten wenig Interesse, trotz des Protestes der Kinder nahmen sie sich nicht genügend Zeit. Die Gäste verweilten im Durchschnitt gut eine Stunde im Museum.

Von den Besuchern kam der Vorschlag, das Museum für alle Kitakinder zu nutzen, auch für die Schulen im Stadtteil. Diese Idee war gut. Schließlich steckte viel Arbeit dahinter, da sollte das Museum auch von anderen Besuchern genutzt werden können.

Die Einnahmen des Museums betrugen 59,40 DM.

Da sich bei unseren Apfelschnecken Nachwuchs eingestellt hatte, kauften sich die Kinder davon zwei neue Aquarienkugeln und bunten Kies.

Für die gewünschten Schraubstöcke reichten die Einnahmen leider nicht. Die Kinder konnten die ersten zwei Tage in ihrem Museum „leben". So fungierten sie selbst noch mal als Museumsführer für die älteren Kindergartenkinder. Den Kleineren zeigten und erklärten sie, was zu tun sei, oder sie halfen ihnen. Die Kinder konnten sich an den Stationen beschäftigen und sich Neues einfallen lassen.

Das Planschbecken diente als Badesee. Die Mahlzeiten wurden als „Picknick am See" eingenommen, sogar die Krippenkinder wurden eingeladen und umsorgt.

Es gab viele Nachfragen von Eltern und Kindern, sodass wir die „Vermarktung" des Wassermuseums an unserem traditionellen „Spatzenfest" am 31. August planten.

In den Ferienwochen gab es noch ein „Wasserfest mit allen Sinnen", einen Besuch der neuen Kläranlage in der

Endlich können die Kinder ihre Arbeiten vorstellen

Handeln

Ein guter Gewinn, aber auch bittere Erfahrungen

Stadt, ein Wasserspielplatz wurde errichtet und neue Stationen für das Wassermuseum ausprobiert, mit Hydro-Gel dekoriert und Sand gefärbt, Ableger wurden gezogen, Beobachtungen am Teich und am See vorgenommen und protokolliert.
Neu war die Idee einer Museumsklause, die zum Verweilen und Trinken einladen sollte. Das „Froschpipi" wollten die Kinder selbst mixen und anbieten.
Der Besuch des Museums war sehr rege. Leider machten die Kinder auch eine bittere Erfahrung: Das Museumsgetränk wurde bezahlt, indem das Geldstück in den „See" geworfen werden sollte. Mithilfe der selbst gebauten Unterwasserlupen entwendeten große Jungen einen Teil der Einnahmen. Das Lob und die Zustimmung der Besucher für die Kinder standen jedoch im Vordergrund. 420 Gäste brachten 442,00 DM ein, in der Museumsklause wurden 33,69 DM eingenommen. Die Kinder sortierten die Geldstücke und staunten sehr über die Menge. Endlich konnten sie sich die gewünschten Schraubstöcke kaufen. Das restliche Geld rechneten sie bei der Leiterin ab. Da die Erzieherinnen ihre Kita als e.V. selbst verwalten, sind Einnahmen möglich.
Gemeinsam wurde nun überlegt, wofür das restliche Geld verwendet werden sollte. Vielleicht als kleiner Zuschuss für die neue Fassade der Kita und für den schon lange gehegten Wunsch, die Wand im Flur mit Graffiti zu gestalten.

Perspektive: Das Wassermuseum soll in den Sommerferien für alle Kinder der Stadt als Ferien- und Freizeitangebot genutzt werden.

> ### Zum Abschluss des Museums baut euch eine Miniwelt selbst!
>
> - Nehmt euch bitte ein Schraubglas und drückt in den Deckel das Plastilin!
> - Ihr seht hier Blätter, Gräser, Beeren und Blüten, steckt einige davon in das Plastilin!
> - Füllt das Glas mit Wasser!
> - Nun den Deckel mit den Pflanzen vorsichtig auf das Glas legen und fest zuschrauben.
> - Stellt euer Glas mit dem Deckel nach unten und fertig ist die Miniwelt.

Aus: Netzwerk Umweltbildung: „Vom Wasser haben wir's gelernt". Kalender 1996, November

Die Regenwurmzucht

✏️ Von Experten hatten wir gehört, wie wichtig die Marktanalyse und die sich daraus entwickelnde unternehmerische Idee ist. Fragen waren deshalb:
- Was wird bei uns im Dorf gebraucht?
- Welches unternehmerische Projekt ist für unsere Kinder geeignet; was können sie selbstständig bewältigen?
- Wie kann ich meine pädagogische Arbeit mit finanziellem Gewinn verbinden?

Darüber denke ich unentwegt nach. Allmählich gewinnt eine Idee Konturen.

Eine unternehmerische Idee wird geboren

In unserem Dorf Crussow gibt es einen Anglerverein, der eine lange Tradition hat. Ihm gehören um die 60 Mitglieder an, denn Crussow ist umgeben von zwei Seen und kleinen Waldstücken. Sehr beliebt als Anglerrevier ist auch die drei Kilometer entfernte Oder. Gelegentlich organisieren Familien auch Hochseeangeltouren auf der Ostsee.
Mein Sohn – 14 Jahre alt – ist ebenfalls Hobbyangler und benötigt regelmäßig Regenwürmer. Er kauft sie in einem Anglergeschäft in Angermünde. Zehn Regenwürmer kosten vier Mark. Recherchen im Dorf ergaben: Es gibt mehrere Jugendliche und Erwachsene, die regelmäßig in Angermünde Regenwürmer kaufen.
Durch Zufall entdeckte ich in dem Buch „Kinder-Gärten-Natur" (Dietel 1994) Anregungen für den Bau einer Wurmkiste aus Holz.
So entstand bei mir die Idee: Wir legen mit den Kindern eine Regenwurmzucht in der Kita an, die den ständigen Bedarf interessierter Angler decken kann und so für die Einrichtung eine kleine, regelmäßige Geldeinnahme bringt. Wir, das sind 40 Kinder im Alter von null bis zwölf Jahren, eine Erzieherin, eine Erziehungshelferin, unsere Köchin, die zugleich für die Reinigung zuständig ist, und ich – zugleich Leiterin der Einrichtung. Trotz der Arbeit in

Was wird bei uns gebraucht? – Eine Marktanalyse

Handeln

Eine Idee soll nicht einfach übergestülpt werden

Gruppen sind in unserer kleinen Kita die Türen immer offen und jede Mitarbeiterin fühlt sich für alle Großen und Kleinen verantwortlich.

Welche Meinung hatten die Kolleginnen zu meiner Idee?
Sie waren nicht gerade begeistert. Sie dachten, ich würde mit meinem Vorschlag scherzen. Ihre Fragen und Probleme waren: „Was machst du, wenn die Regenwürmer rauskriechen?" „Ob die Kinder das wohl wollen?" „Na, da frage mal die Eltern, die sind bestimmt nicht einverstanden." Insgesamt hatten alle mehr oder weniger Ekel bei dem Gedanken, dass in unserer Kita eine Regenwurmzucht sein würde. Außerdem besaßen wir alle keine Kenntnisse über das Züchten von Regenwürmern.
Dennoch, ich war neugierig und wollte mit den Kindern das Experiment wagen. Was werde ich gemeinsam mit den Kindern über Regenwürmer und deren Zucht lernen? Ich war gespannt.

Ein Projekt beginnt

Natürlich wollte ich den Kindern meine unternehmerische Idee nicht überstülpen. Sie sollte sich allmählich über einen längeren Zeitraum im Rahmen des alltäglichen Lebens in der Kita entwickeln. Bewusst wollte ich aber alle Gelegenheiten dafür nutzen.
Beim Umgraben der Blumenrabatte vor unserer Kita entdecken wir einen Regenwurm. Wir betrachten ihn und ich erzähle den Kindern etwas über die Lebensweise und den Nutzen von Regenwürmern. Riccardo, ein vierjähriger Junge, und Lars, fünf Jahre alt, kennen bereits Regenwürmer, da der Opa beziehungsweise der Bruder Angler sind. Sie nehmen den Regenwurm ohne Berührungsängste in die

Die Regenwurmzucht

Hand, während andere Kinder schaudernd zurückschrecken. Aber alle sind neugierig: Was frisst ein Regenwurm? Bekommt er unter der Erde Luft? Wie bewegt er sich? Warum macht er sich so klein? Wie fasst er sich an? Ich erzähle den Kindern, dass es unter besonderen (experimentellen) Bedingungen möglich ist, Regenwürmer zu beobachten. Gemeinsam legen wir nun ein Terrarium an und setzen Regenwürmer aus dem Garten hinein.

Über einen Zeitraum von ungefähr zwei Monaten können die Kinder im Eingangsbereich der Kita – für alle sichtbar – beobachten, welche Veränderungen sich vollziehen: Die Regenwürmer vermischen die Erdschichten. Sie fressen die Blätter, den Kaffeegrund und das Zeitungspapier. Sie produzieren durch ihre Verdauung Humus.

Sabrina und Daniel, beide acht Jahre alt, bringen Bücher über Würmer mit und lesen den Kindern vor, was über den Regenwurm geschrieben steht. Zum Abschluss unseres Experiments sollen die Regenwürmer wieder in den Garten zurückgebracht werden.

Wir überlegen, wie wir die Regenwürmer aus dem Glasbehälter herausbekommen. Die Kinder finden die Lösung: den Sand durch ein grobes Sieb rieseln lassen. Die Kinder zählen 104 Regenwürmer. Den Humus nehmen wir für unsere Tomatenpflanzen. Auch Hortkinder haben unser Experiment interessiert verfolgt. Sie haben detaillierte Fragen: Warum kann ein Regenwurm weiterleben, wenn er zerreißt? Jens stellt die Hypothese auf: „Vielleicht hat er zwei Herzen." Was ist das für ein Ring in der Mitte? Lebt der Regenwurm anders als wir? Wozu braucht man Regenwürmer? Antworten fanden wir gemeinsam in Büchern und durch Gespräche mit Eltern. Einige Kinder erzählen, dass ihre Väter regelmäßig Regenwürmer zum Angeln in dem Anglergeschäft in Angermünde kaufen. Ich zeige den Kindern Abbildungen von einer Anleitung zum Bau einer Wurmkiste. Sofort kommt bei etlichen Kindern der Gedanke auf: „Die können wir doch nachbauen."

Experiment mit Regenwürmern

„Am besten ist eine Zwei-Kammer-Kiste, die leicht selbst gebaut werden kann. Maße: etwa 80 cm lang, 50 cm breit, 40 cm hoch. In der Mitte wird sie durch ein Brett geteilt. In dieses Brett werden 20 bis 25 mindestens 8 mm große Löcher gebohrt. Ein Deckel, mit Scharnieren befestigt, ist praktisch, da die Kiste dann auch als Sitzgelegenheit zu nutzen ist. Über eine offene Kiste muß ein Netz gespannt werden, damit Amseln und Stare aus unserer Humusfabrik nicht für sich einen reichgedeckten Tisch machen. Ist die Kiste fertig, kommen als Startfutter in die eine Kammer einige zerrissene, nasse Zeitungsseiten und eine drei bis fünf Zentimeter hohe Deckschicht aus Wald- oder Gartenerde. Dann werden die Würmer eingesetzt und mit organischen Abfällen aus Küche und Garten gefüttert." (Dietel 1994, S. 47)

Handeln

Nicht aufgeben – neue Lösungen suchen

Schwierigkeiten werden überwunden

Ich werde zur nächsten „Kinderversammlung" eingeladen, um weiter darüber zu beraten. Da muss ich die Kinder leider aufklären, dass unser Gemeiner Regenwurm – „lumbricus terristris" – für eine Zucht nicht geeignet ist. Das hatte ich gelesen und auf Nachfrage im Anglergeschäft erfahren. Nur kanarische Würmer (wegen der längeren Lebensdauer am Angelhaken!) werden zum Sommerpreis von 3,60 DM je 15 Stück (einzeln 24 Pfennig) verkauft. Die Kinder waren enttäuscht.
Was tun? Wir verabreden uns mit dem Vorsitzenden des Anglerverbandes, um mit ihm zu beraten, was zu tun ist. Ja, die Angler wären sicher am Kauf unserer gezüchteten Würmer interessiert. Aber welche Sorten für eine Zucht geeignet wären, wusste er auch nicht genau.
Ein Zufall half uns weiter. Ich finde unter dem Titel „Ein Herz für Würmer" im Berliner Tagesspiegel (Juni 1996) einen Zeitungsartikel über die Arbeit von „Wurmvater" Hans-Gerhard Starck, der seit 20 Jahren auf seinem Balkon auf originelle Weise Küchenabfälle kompostiert. Dabei helfen ihm die Artverwandten des Regenwurms „eisenia foetida". Seit 1975 studiert der inzwischen 70-jährige Berliner Biologe Lebensweise, Zuchtmethoden und Einsatzmöglichkeiten der Mistwürmer. „Für ihre Haltung sind weder viel Platz noch großer Aufwand nötig. Lediglich eine Wurmkiste wird benötigt, eine 30-Liter-Kunststoff- oder Holzkiste wird mit Erde und zu zwei Dritteln mit nassem, geknülltem Zeitungspapier gefüllt, bevor 500 Würmer dann dort einziehen können. Abgedeckt wird die Kiste mit einer dicken Lage feuchtem Zeitungspapier und einer Plastiktüte. Je nach Futterangebot liefert ein Wurm 500 bis 600 Nachkommen."
Der Artikel enthält noch viele Hinweise zur Zucht der Würmer und gleichzeitig das Angebot, 500 Stück für 50,00 DM bei ihm kaufen zu können.
Ich lese den Kindern in der nächsten Kinderversammlung den Artikel vor. Und da auch eine „Wurm-Telefonnummer" angegeben ist, setzen wir

Die Regenwurmzucht

uns gleich mit Wurmvater Starck in Verbindung. Er freut sich sehr über unser Interesse und schickt weiteres Informationsmaterial. Wir lesen nun genau, wie die Wurmkiste anzulegen ist, und eigentlich könnte es losgehen.

Alles muss genau überlegt sein

Aber vorher ist zu überlegen: Nehmen uns die Angler die Würmer überhaupt ab? Und wie wollen wir sie anbieten?
- Eltern, Großeltern und Verwandte nach dem Bedarf fragen.
- Den Vorsitzenden des Anglerverbandes in Crussow um eine Namenliste der Hobbyangler bitten.
- Handzettel und Plakate anfertigen und verteilen. Jana will ihren Opa fragen, ob er die Handzettel auf seinem Kopiergerät vervielfältigen kann; einen Artikel in die Regionalzeitung setzen.
- In welcher Verpackung sollten die Regenwürmer verkauft werden und was sollen sie kosten?
- Ein Kassenbuch ist wichtig, weil man alles eintragen muss, was man einnimmt.

Weiter war zu überlegen:
- Wo könnte die Kiste stehen?
- Woher nehmen wir das Geld für die ersten Würmer?

Wir hatten noch 25 Mark von dem Verkauf der Projektzeitung „Eigensinn" und weitere 25 Mark vom Kuchenbasar beim Feuerwehrfest übrig. Die Mistwürmer konnten also aus Berlin geholt werden. Auf Anraten von Herrn Starck haben wir nun statt einer Holzkiste eine Kunststoffkiste vorschriftsmäßig angelegt. Wo soll die Kiste stehen? Im Eingangsbereich ist es zu warm, draußen im Garten bald zu kalt. Die Kinder überlegen: Also dann im Keller. Bislang durften die Kinder den Keller nicht ohne Aufsicht betreten. Wir besprechen nun die Verhaltensregeln: Wer

Kinder planen und koordinieren ihr weiteres Vorgehen

Handeln

Plötzlich interessieren sich viele für die Angelwürmer

in den Keller geht, um zu füttern, sagt vorher Bescheid. Die Kellertür muss wieder geschlossen werden. Keiner geht an die Heizgeräte.
In den folgenden Wochen haben die Kinder mit der Fütterung und Pflege der Würmer zu tun. Wichtigstes Anliegen aller ist es, die Würmer artgerecht zu halten. Vor allem auf ausreichende Feuchtigkeit ist zu achten.

Jetzt wird es ernst

Erst jetzt, da die Regenwurmkiste angelegt ist, fühlen sich alle Kolleginnen unserer Kita für unseren „Wurm-Fimmel" verantwortlich und finden es interessant, den Verlauf des Wurmprojekts zu beobachten.
Auch die Eltern verfolgten interessiert die Zucht und Vermehrung der Würmer. Vor allem die Väter warteten schon auf ihre Angelwürmer. Hatten uns anfangs einige Eltern gefragt, warum wir die Wurmkiste mit den Kindern gemeinsam anlegen wollen, statt sie den Kindern einfach fertig hinzustellen, so erlebten sie jetzt selbst, dass ihre Kinder gerade durch das Mittun viel gelernt hatten und wie groß ihr Spaß an dem „Unternehmen Wurmzucht" ist.

Die Regenwurmzucht

Zuerst waren es nur wenige Kinder – acht aus der Kindergartengruppe und sechs Hortkinder –, die mit Freude und Neugier an diesem gruppenübergreifenden Projekt mitarbeiteten. Bei den anderen Kindern zeigte sich eher Desinteresse und Ekel. Im Nachhinein kann ich einschätzen, wie gut es war, dass wir die Gefühle der Kinder zugelassen und keines zur Mitarbeit gedrängt hatten. Denn ganz langsam wuchsen auch bei ihnen Neugier und Interesse.

Inzwischen haben sich die Würmer enorm vermehrt und wir können sie „ernten".

Die Kinder haben verschiedene verschraubbare Glasbehälter gesammelt und gesäubert. Die Deckel haben sie dekorativ mit selbst gemalten Regenwürmern verziert. Gemeinsam mit Kindern aus der Hortgruppe können wir unser Wurmangebot auf einer Anglerversammlung vorstellen, die Würmer anbieten und den Verkauf besprechen. Das war eine tolle Erfahrung für uns alle.

Wir sind alle unsere Würmer losgeworden. Die Angler unseres Dorfes und auch der umliegenden Orte haben sie gern gekauft, schließlich waren sie auch etwas billiger als in Angermünde.

Ergebnisse und Erfahrungen

Wir haben einen Gewinn von 65,00 DM gemacht. Das erste selbst verdiente Geld. Und was haben wir bei unserem unternehmerischen Projekt alles erlebt und erfahren! So zum Beispiel,

- dass man durch Experimentieren, Beobachten und Erkunden Neues lernen kann (über die Lebensweise und artgerechte Zucht von Regenwürmern),
- dass Kinder Ernsthaftes tun und echte Verantwortung übernehmen können und wie stolz das macht,
- dass man bei Schwierigkeiten nicht gleich aufgeben darf, seine Idee mit Hartnäckigkeit verfolgen muss, dass sich Eltern und andere Erwachsene für die Vorhaben von Kindern interessieren und solches Tätigsein anerkannt wird,
- dass man andere Menschen, „Experten", um Rat fragen kann und Hilfe erhält,
- wie man gemeinsame Vorhaben planen und arbeitsteilig vorgehen kann,
- dass man mit einer pfiffigen (Markt-)Idee Geld verdienen kann.

Eines haben wir uns vorgenommen: Unsere Regenwurmzucht war kein einmaliges Projekt. Wir werden fortlaufend Regenwürmer züchten, denn der Bedarf ist da. Die Kinder und unsere Kunden warten schon.

Rückblick: Eine tolle Erfahrung für alle

Handeln

Vom Gartenbau und Gemüseverkauf

Von der Ernte bis zum Verkauf – ein anspruchsvolles Vorhaben

Unsere Kita liegt in einem Neubaugebiet in Leipzig inmitten einer Betonwüste. So ist es nicht überraschend, dass einige Kinder meiner Gruppe glauben, Möhren gäbe es nur im Einkaufsladen und Rotkraut nur im Glas. Nur Christian, der die Wochenenden oft im Garten seines Opas verbringt, weiß, dass Möhren in der Erde wachsen. Ich finde es schade, dass es Kindern kaum noch möglich ist, eigene Erfahrungen über Anbau, Pflege und Ernte von Pflanzen zu sammeln. Allmählich reift bei mir die Idee, die verwilderten Gartenbeete auf unserem Freigelände wieder zu bearbeiten und mit den Kindern einen Nutzgarten anzulegen. Den Gemüseanbau wollte ich mit dem Vorhaben verbinden, mit den fünf- bis sechsjährigen Kindern meiner Gruppe unternehmerisch tätig zu sein und etwas Geld einzunehmen.

Dieses Projekt sollte sich über einen längeren Zeitraum – von der Aussaat über die Ernte bis hin zum Verkauf – erstrecken.

Ich wollte den Kindern damit Gelegenheit geben, Natur mit allen Sinnen und im praktischen Handeln zu erleben. Selbstständig können sie dann ihre selbst gezogenen Kräuter, Gemüse und Blumen verkaufen. Dabei lernen sie, an einer Idee dranzubleiben, Ausdauer und Beharrlichkeit zu entwickeln.

Ich bin gespannt und neugierig, wie sich diese Ziele praktisch verwirklichen werden.

Nachdem wir im Garten von Christians Großvater alles genau angesehen und uns in einem Gartenbuch für Kinder etwas sachkundig gemacht hatten, konnten wir uns an die Arbeit machen.

Vom Gartenbau und Gemüseverkauf

Die Aussaat beginnt

Wir entscheiden uns für die Aussaat von Kohlrabi, Möhren, Radieschen, Blumenkohl, Gurken, Kürbis, Sonnenblumen, Ringelblumen, natürlich auch Rotkraut. Die Blumenerde bekommen wir aus der nahe gelegenen Gärtnerei geschenkt. Dort freut man sich über unser Vorhaben. „Dass es so etwas im Kindergarten noch gibt – einen Gemüsegarten!" Wir könnten jederzeit mit all unseren Fragen kommen und Tomatenpflanzen würde man uns auch spendieren.
Wir haben nun mit den Sprösslingen zu tun: pikieren, gießen und umpflanzen in größere Töpfe. Unsere Fensterbretter und der Waschraum verwandeln sich in regelrechte Treibhäuser.
In der Zwischenzeit haben auch die Gartenbeete Form angenommen. Zwei Großväter haben uns beim Graben geholfen. Wir können nun die ersten Pflanzen aussetzen. Allmählich wird es Mai, und wir holen uns die versprochenen Tomatenpflanzen und viele gute Ratschläge.
Nun beginnt die Zeit der verantwortungsvollen Pflege. Täglich nach dem Frühstück ist „Gartenzeit". Ich gieße mit den Kindern, die Lust und Interesse haben. Wir zupfen Unkraut und lockern die Erde auf. Mein Interesse und Engagement überträgt sich augenscheinlich auf die Kinder. Die Kinder aus anderen Gruppen, Eltern und Großeltern nehmen regen Anteil an unseren Bemühungen. Wir bekommen viel Lob: „Wie macht ihr das bloß, dass der Blumenkohl so gut wächst? Bei mir wird er nichts."

Ernte und Verkauf beginnen

Nun ist es Juni und wir können mit der Ernte beginnen: Salat, Radieschen und Kohlrabi. Die ersten Früchte unserer Ernte haben wir beim „Erntefrühstück" natürlich selbst verputzt.
Nun beginnt der Verkauf. Wir vergleichen die Preise in der Kaufhalle; ähnlich viel soll es auch bei uns kosten. Es gibt jetzt viel zu tun: Zwiebeln werden gebündelt, Petersilie, Schnittlauch und Dill geschnitten und gebündelt, die Möhren vor dem Verkauf gewaschen und zusammengebunden. Die meisten Kinder sind abwechselnd mit Eifer und Spaß bei der Sache.
Ab jetzt ist freitags in unserer Kita Gemüseverkauf. Im Laufe der Woche hängen wir unser Angebot in der Eingangshalle aus: „Am Freitag frische Petersilie, Schnittlauch, Dill und Tomaten!"
Die Eltern stellen sich darauf ein und im Handumdrehen ist alles verkauft. Ein großer Renner sind Blumenkohl, Bohnen und unsere großen Kürbisse. Wir haben sogar Vorbestellungen: „Am Wochenende habe ich eine Feier. Hebt mir doch bitte Radieschen, Tomaten und Petersilie auf."
„Bei euch ist alles immer so schön frisch, ohne Chemie!"
Ständige Abnehmer sind auch die Hortkinder unserer Kita. Sie haben einen ungenutzten kleinen Raum zu einem Café umgestaltet. Immer mittwochs bieten sie dort selbst gepressten Saft, Popcorn, Quark und belegte Brote an. Dazu kaufen sie bei uns die

Im Angebot: frische Petersilie, Schnittlauch, Dill und Tomaten

Interesse und Engagement der Erzieherin übertragen sich auf die Kinder

Handeln

frischen Kräuter ein und bezahlen aus den Einnahmen des Cafés.
Erzieherinnen aus anderen Einrichtungen fragen mich: „Haben Sie denn Lust zur Gartenarbeit?" „Bei uns würde das niemand machen, Unkraut jäten, täglich gießen – und die viele Zeit!"
Auch ich musste erst überlegen und viel nachlesen. Allmählich wurde es immer interessanter, ein solches Vorhaben zu wagen. Wenn ich die Kinder beobachte, wie sie mit Freude und Eifer bei der Sache sind, macht alles gleich noch mehr Spaß.
Bis zum Oktober haben wir 135,00 DM eingenommen. Die Ernte ist noch nicht beendet; Rosenkohl, Kräuter und Herbstblumen sprießen bereits.

Willkommen im Kindercafé

Eine „verrückte" Idee – oder eine Herausforderung?

In meiner Hortgruppe sind gegenwärtig neun Jungen und sieben Mädchen, alle in der ersten Klasse. Vom Besuch eines Hortes unserer Stadt Leipzig habe ich die Idee mitgebracht, ein Kindercafé zu betreiben. Ich erzähle den Kindern davon und sofort kommt die begeisterte Reaktion: „Das können wir doch auch machen!", und die Ideen sprudeln nur so heraus. „Da haben wir einen Raum, wo wir was zu essen kaufen können, wie in einer Gaststätte." „Wir können Eltern einladen und sie bedienen. Das finde ich toll." „Popcorn können wir machen und verkaufen." „Und Kuchen backen" und so weiter. Selbst Kinder, die eher ruhig und zurückhaltend sind, fühlen sich angesteckt.

Wir verabreden, die Idee erst einmal mit anderen, zum Beispiel auch mit unserer Leiterin, zu besprechen und alles noch einmal in Ruhe zu überdenken. Wir nehmen uns viel Zeit, die Idee „weiterzuspinnen".

Nachdem sich meine erste Euphorie etwas gelegt hat, werden mir die Schwierigkeiten und Probleme bewusst. Ich begab mich da mit meinen Kindern in einen sehr unsicheren Lern- und Erfahrungsprozess: Wie können wir andere von unserer Idee begeistern, wie Partner finden, wie mit Unternehmen in Kontakt treten, wie mit Geschäftsführern über Sponsorengelder verhandeln? Ich hatte keinerlei Erfahrung, wollte aber nicht vorschnell aufgeben. In dem von mir besuchten Hort habe ich erlebt, mit wie viel Eigenständigkeit, Initiative und Organisationstalent die Kinder alles vorbereiten, verkaufen, mit anderen ins Gespräch kommen und am Ende alles wieder ordentlich verlassen. Eine Herausforderung für mich und die Kindergruppe.

Die Eltern haben sich von den Kindern begeistern lassen: „Da können wir Mütter uns doch auch mal zu einer Tasse Kaffee und einem Plausch treffen."

Ja, es könnte ein Raum werden, in dem Veranstaltungen mit kleinen Gruppen stattfinden, zum Beispiel Elterngespräche, Geburtstagsfeiern, Schachspielen, Buchlesungen – eben ein Treffpunkt für alle.

Handeln

Welche Erfahrungen sollen ermöglicht werden?

Bei der Einrichtung und beim Betreiben des Cafés können Kinder erleben, dass gute Ideen und Eigeninitiative gefragt sind und anerkannt werden, dass man mit originellen Ideen andere begeistern kann. Das Vorhaben sollte gemeinsam geplant und die übernommenen Aufgaben über einen bestimmten Zeitraum verlässlich erfüllt werden. Wir können Erfahrungen sammeln, wie man andere Kinder, Erwachsene und eventuell auch Unternehmer ansprechen und um Unterstützung bitten kann. Schließlich können wir erleben, wie viel Kraftanstrengung und Beharrlichkeit solch ein „echtes" Unternehmen abfordert, aber auch Befriedigung und Stolz spüren, wenn man etwas geschafft hat.

Fest vorgenommen hatten wir uns, bei Schwierigkeiten nicht gleich aufzugeben, sondern in diesem Fall über neue Wege nachzudenken.

Nun geht es los!

Die Kinder der 2. Klasse wollen mitmachen. Uns ist das sehr recht, denn sie können bereits schreiben und gut rechnen.

In gemeinsamen Beratungen überlegen wir, welcher Raum dafür in Betracht kommt. Er muss für alle gut erreichbar sein. Vier Kinder übernehmen den Auftrag, mit unserer Leiterin darüber zu verhandeln.

Weiter muss bedacht werden, was wir für die Renovierung und die Einrichtung des Raumes brauchen: Tapete und Leim, Möbel, Stoffreste, Gläser, Tassen und vieles andere mehr.

Was können wir selbst tun? Wer könnte uns helfen? Welche Partner können wir suchen? Georg aus der 2. Klasse hat die Idee, Firmen als Spon-

Ein Projekt, das Beharrlichkeit und Anstrengung abfordert und auch stolz macht

Willkommen im Kindercafé

soren anzuschreiben. Josephine bittet ihre Mutter, den Sponsorenbrief auf dem Computer zu schreiben und zu kopieren. Diesen Brief schicken wir an 20 Firmen. Kerstin und Norbert schreiben Handzettel, die wir im Wohngebiet, in der Kaufhalle, beim Arzt, im Fitnessstudio, auf dem Gemüsemarkt, im Blumenladen und an Verwandte und Bekannte verteilen (vgl. Kasten). Die Kinder einigen sich untereinander, wer wo die Zettel verteilt.

Wir brauchen aber auch Bargeld. Wir beschließen einen Spielzeugverkauf. Jedes Kind bringt ein Spielzeug von zu Hause mit und wir veranstalten in der Kita einen Spielzeugbasar. Nico stellt einen Plan auf, wann wer mit dem Verkauf dran ist. Alle Einnahmen werden notiert. Der Erlös beträgt 164,00 DM. Die Kinder sind stolz auf ihr selbst erwirtschaftetes Geld. Wofür wollen wir es ausgeben? Wir beschließen den Kauf von Tapete, Leim, Stoff für Gardinen und Bezüge sowie einer Popcornmaschine (als „Arbeitsgrundlage").

Vieles ist zu tun

Nun sind die Arbeiten gut abzustimmen und zu erledigen. In unseren „Zwischendurchgesprächen" beraten und verabreden wir die einzelnen Aufgaben. Die Kinder sind ernsthaft bei der Sache, insbesondere bei den Renovierungsarbeiten, die ein Vater unterstützt. Nun fehlen uns noch die Einrichtungsgegenstände. Auf unsere Briefe an die Firmen und Unternehmen bekommen wir leider nur Absagen. Das ist eine herbe Enttäuschung. Aber unsere Aktion mit den Handzetteln hat sich gelohnt: Wir bekommen drei Sessel, ein Sofa, vier Stühle, drei Tische, zwei Schränke, Regale, diverses Geschirr und elektrische Küchengeräte. Das bestärkt uns und gibt Auftrieb. Die Kinder und ihre Verwandten sammeln zu Hause viele größere und kleinere Dinge für unser Café. Wir können fast alles gebrauchen. Eine Mutter näht uns aus Stoff Gardinen, Tischdecken und Überwürfe für die Sessel, damit unser Sammelsurium etwas einheitlicher aussieht.

Nur das i-Tüpfelchen fehlt noch, darum wenden sich die Kinder in letzter Minute an den Geschäftsführer eines Polstergeschäfts. Er hatte uns schon einmal eine Tischtennisplatte organisiert und bei der Gestaltung des Weihnachtsfestes unterstützt. Vielleicht kann er noch etwas Schönes

Enttäuschung und Erfolg liegen dicht beieinander

```
Achtung an alle!

Wir suchen:
Zum Einrichten unserer neuen
Kinderküche und unseres Kindercafés
kleine Einrichtungsgegenstände und
Gestaltungselemente, zum Beispiel eine
gut erhaltene Couchgarnitur, kleine
Tische u.Ä.

Wenn Sie etwas für uns haben, wenden
Sie sich bitte an
Kindertagesstätte Schönauer Ring 23
Telefon:
Danke!
```

Handeln

besorgen. Das tat er auch: Er brachte drei Barhocker, eine Lichteffektkette und zwei Sonnenschirme vorbei. Jetzt fehlt nur noch der Name für unser Kindercafé. Alle Kinder können Vorschläge machen. Die witzigsten Ideen werden zur Wahl gestellt: „Café Kunterbunt", „Café Konfetti", „Café Pippi", „Café Sonnenblume" und „Café Hexenkessel". „Café Hexenkessel" gewann mit 32 Stimmen.

> Liebe Küchenfeen,
> bitte wie immer für Frau Moritz morgen Nachmittag eine Tasse Kaffee und evtl. was zu beißen reservieren. Moritz kann essen und trinken, was er will und seine Mutter bezahlt nachmittags. Vielen Dank im Voraus!
> Frau Moritz

Das Café wird eröffnet

Pünktlich zum Kindertag am 1. Juni kann das Café mit einer tollen Fete eröffnet werden. Der Andrang ist riesig, alles eng und trotzdem ein großer Erfolg. Die Kinder sind stolz und glücklich.
Mittlerweile ist unser Café jeden Mittwoch von 14.00 bis 16.00 Uhr geöffnet. Genau nach Plan sind Kinder für den Einkauf, den Verkauf und das Aufräumen verantwortlich. Alle Einnahmen und Ausgaben werden im Kassenbuch notiert. Kräuter und frisches Gemüse werden bei unserer Kindergartengruppe eingekauft, die einen Gemüse- und Kräuteranbau betreibt.
Inzwischen hat sich auch Matthias zum ersten Mal getraut, im Café Dienst zu tun. Er hat sich einen Merkzettel mit allen Preisen gemacht und sich auch an die Popcornmaschine herangewagt. Er ist sehr stolz. Besondere Wünsche von Stammkunden werden gern angenommen.

Im „Hexenkessel" trifft sich Groß und Klein. Auch die Eltern schauen oft vorbei; sie treffen sich dort, wie wir es uns gedacht hatten, zu einem kleinen Plausch.
Mit dem Projekt „Von der Idee zum Café" ist uns, so glaube ich, etwas ganz Tolles gelungen, das aufregend war und allen Beteiligten riesigen Spaß macht. Wir alle, Kinder, Eltern und Erzieherinnen, erfahren dabei viel über uns selbst und unsere Umwelt.
PS: Besucht uns mal!

Fazit: Etwas Tolles ist uns gelungen

Wir bieten an:

Popcorn	50 Pf
Cappuccino	70 Pf
Kaffee	50 Pf
Götterspeise „Froschteich"	30 Pf
Kindereis „Freches Früchtchen"	50 Pf
Trinkpack	30 Pf
Fruchtquark	30 Pf
Karlsbader Schnitte	1 Mark

Früh übt sich

In der Kita „Bummi" in Kühlungsborn hatten Kinder und Erzieherinnen einer altersgemischten Gruppe die Idee, auf dem Wochenmarkt einen Osterstand aufzubauen. Die Kinder gehen oft auf den Markt und sehen sich das quirlige Treiben an. Zu einigen Marktverkäufern haben sie persönlichen Kontakt. Da sie nun die Absicht hatten, selbst etwas auf dem Markt anzubieten, beobachteten sie die Händler noch genauer. Die Älteren freuen sich erwartungsvoll: „Das machen wir auch!"
Die meisten Eltern unterstützten schmunzelnd die Marktidee. Was können wir zum Ostermarkt anbieten? Vieles fällt uns ein: Osterkörbchen, Anhänger für Ostersträuße, Karten, Fensterbilder, Gestecke, Eier, bemalt oder beklebt, Osterhasen zum Ausmalen, Birkengrün.
Die Köchin der Kita hat die Idee: „Bietet doch noch Schmalzbrote und Tee an. Dann haben die Besucher und Händler zu essen und zu trinken." Sie will auch dabei helfen. In einer Bäckerei können die Kinder kostenlos Minibrote, Zopfbrote und Brezeln für den Verkauf auf dem Markt backen.
Die Kinder holen sich eine Genehmigung vom Ordnungsamt. Die Standgebühren werden ihnen erlassen.

Ein Osterstand auf dem Wochenmarkt

> In der „Ostseezeitung" wird angekündigt:
> Kühlungsborn. Am kommenden Mittwoch wird es auf dem Wochenmarkt einen etwas ungewöhnlichen Stand geben. Kinder aus der AWO-Kita „Bummi" wollen den Marktbesuchern kleine Osterbasteleien, Schmalzbrote und heißen Tee anbieten. Das Ziel der Aktion besteht darin, den Lütten zu zeigen, dass es gar nicht so einfach ist, Geld zu verdienen. Mit dem schwer verdienten Geld wollen sich die Kinder Werkzeug und Filzstifte kaufen.

Am Mittwoch vor Ostern geht es mit dem Handwagen zum Wochenmarkt. Ein Tapeziertisch dient als Marktstand. Carolas Vater ist Werbegraphiker und hat das Werbeplakat „Heute Kindermarkt" gestaltet. Dies und eine

Handeln

Im „Handumdrehen" ist alles ausverkauft

große Glocke sorgen für die notwendige Aufmerksamkeit. Hannes ruft: „Kaufen Sie! Wir haben alles selbst gemacht!" Brote und Tee sind im Nu weg. Das Meiste haben die Markthändler zum Verzehr gleich selbst gekauft. Sie ermuntern die Kinder: „Kommt bald mal wieder!" Kunden – vor allem auch Eltern – schauen vorbei, kaufen dies und jenes. Das Geld kommt in eine große Kasse. Die jüngeren Kinder der Gruppe, die nicht am Verkauf beteiligt sind, kommen auch mal gucken. Alles, was zum Schluss übrig bleibt, kauft zur großen Überraschung ein Markthändler aus Holland. In etwa einer Stunde sind über 150,00 DM eingenommen. Die Kinder sind zufrieden.

Ein richtiger Verkauf ist aufregend. Kinder und Erzieherinnen sind sich einig: Ein nächstes Mal auf dem Markt wird es bestimmt geben.

Unser Marktangebot:

Osterkarten	1,50 DM
Bemalte Ostereier	0,50 DM
Hasen-Küken-Anhänger	0,50 DM
Osterhasen zum Ausmalen	0,20 DM
Birkengrün von frisch gefällten Bäumen	1,90 DM
Ostergehänge	4,00 DM
Ostertischschmuck	4,00 DM
Ostersträuße	2,50 DM
Leinenbeutel bedruckt	2,00 DM
Schmalzbrot	0,50 DM
Heißer Tee	0,50 DM
Unsere selbst gebackenen Brote aus der Bäckerei „Vollbrecht" in Kühlungsborn	1,50 DM

Jahreskalender

🖊 Die Kinder und mich hatte das „Unternehmerfieber" gepackt, berichtet eine Erzieherin aus der „Villa Kunterbunt" in Lychen.
Was hatten wir schon alles unternommen, um uns unsere vielen Wünsche zu finanzieren: Fenster verschiedener Geschäfte dekoriert, Musikkassetten selbst aufgenommen, Konzerte gegeben, Kuchenbasare durchgeführt, ein Kindercafé in unserer Kita eröffnet, einen Kräuterbasar mit selbst hergestelltem Kräuteröl, Duftsäckchen, Ringelblumensalbe, gebackenen Holunderblüten und Heidekrautnektar gestaltet.
Nun hörte ich auf einer Fortbildung von einem Jahreskalender, gestaltet von Kindern. Diese Idee fand ich toll. Wir hatten sehr viele ausdrucksvolle Zeichnungen von den Erlebnissen der Kinder.
Verschiedene Firmen aus unserem Umfeld sponserten die Farbkopien und das notwendige Einbandmaterial. Sie werden natürlich ausdrücklich mit Firmenlogo auf der Rückseite des Kalenders genannt.
Bei einem Gang über den Markt und durch die Stadt haben die Kinder auf einen Schlag 100 Stück für jeweils 5,00 DM verkauft. Weitere 50 Kalender werden wir in einer zweiten Aktion los. 75,00 DM davon spenden wir dem Verein für Osteuropa in unserer Stadt.
Eine Bank und ein Berliner Verein haben uns gebeten, im nächsten Jahr die Gestaltung der Jahreskalender für ihre Institute zu übernehmen. Ist das nicht Motivation und Stolz zugleich? Viel wichtiger ist jedoch, dass die Kinder ein ganzes Stück selbstständiger und engagierter geworden sind. 🖊

Der Kalender ist ein Renner.
Erlös: 500,00 DM

Handeln

„Reinsdorfer Pinnwand"

Kita-Zeitungen, von Erzieherinnen und Kindern gestaltet, gibt es inzwischen vielerorts. Die Leiterin und einige Erzieherinnen des AWO-Kinderzentrums entwickelten diese Idee weiter und gestalteten die „Reinsdorfer Pinnwand" zu einem Informationsblatt für den ganzen Ort.

Eine Zeitung stiftet Transparenz, Kommunikation und Vernetzung

Diese kleine Zeitschrift will
- über die Arbeit im Kitabereich und im Freizeitbereich des „Kinderzentrums" informieren, das heißt, die Arbeit öffentlichwirksam machen,
- Vereinen, Bürgern und der Kommune die Möglichkeit geben, über ihre Arbeit zu berichten,
- zur Information, zur Vernetzung und Kommunikation der Bürger beitragen und das Engagement der Menschen wecken.

Die Zeitschrift enthält feste Rubriken, die monatlich gestaltet werden. So gibt es Informationen über die Arbeit in der Kita, Einladungen zu Festen und Feiern. Sie informiert auch über unternehmerische Angebote der Kita wie Gestaltung von Programmen zu Jubiläen, Festen und Geschäftseröffnungen, Schaufensterdekoration u. a. Daneben werden die monatlichen Freizeitangebote des Kinderzentrums für Mädchen und Jungen bis zu 14 Jahren veröffentlicht.
Einen festen Platz haben die Vereine wie der AWO-Ortsverein, der Carnevalsclub, der Volkschor und der Kaninchenzüchter-Verband für ihre Mitteilungen, Einladungen und Danksagungen. In der Zeitung wird auch regelmäßig den Jubilaren gratuliert, und es gibt ein „schwarzes Brett" für Tauschangebote.
Finanziert und gesponsert wird die Zeitung von ortsansässigen Firmen, die damit zugleich Werbung betreiben.
Das „Kinderzentrum" ist aus der Öffentlichkeit nicht mehr wegzudenken. Eine schon beabsichtigte Schließung der Kita wurde nicht zuletzt dank der Popularität der Zeitschrift zurückgenommen.

Erzieherinnen nehmen ihre Kita in die eigenen Hände

Die Leiterin und Mitarbeiterinnen einer Kita in Frankfurt/Oder haben den Verein „Unsere Welt e.V." gegründet und ihre Kindertagesstätte „Spatzenhaus" mit 280 Kindern im Alter von einem halben bis zwölf Jahren seit 1.1.1995 in eigene freie Trägerschaft übernommen.

Was hat uns zu diesem Schritt veranlasst

Die Schließung von Kindereinrichtungen und die damit verbundene Entlassung von Erzieherinnen machte auch vor unserer Einrichtung nicht Halt. Wir hatten ständigen Personalwechsel, und von der nächsten Kündigungswelle waren fünf bis sechs der jüngeren Kolleginnen betroffen. Unser Team kam nicht mehr zur Ruhe. Unter diesen Bedingungen waren Qualität und Stabilität in der Arbeit mit den Kindern überhaupt nicht möglich.
Auch die Eltern waren frustriert, mussten auch sie sich immer wieder an neue Kontakt- und Bezugspersonen gewöhnen.
Das war der Anlass, uns darüber Gedanken zu machen, was uns aus dieser Misere herausführt. Zunächst dachten wir an die Übernahme unserer Kita durch einen etablierten freien Träger. Nachdem wir verschiedene Gespräche geführt hatten und uns über die Bedingungen und Möglichkeiten wie Finanzierung, Zuschüsse usw. sachkundig gemacht hatten, entstand nach und nach der Entschluss, unser Haus in eigene Trägerschaft zu übernehmen. So können wir unabhängig unsere eigenen Erziehungsvorstellungen verwirklichen.
Nun begann eine Phase intensiver Arbeit für uns, die auch mit großen Schwierigkeiten verbunden war. So mussten die Satzung des Vereins sowie Finanzierungs- und Wirtschaftspläne erarbeitet werden. Das war für uns völlig neu. Viele haben von der Vereinsgründung auch abgeraten. Wir haben uns aber nicht beirren lassen. Fortbildung und Beratung im Land

Kündigungen und ständiger Personalwechsel – was führt aus dieser Misere heraus?

Handeln

Erzieherinnen gründen den Verein „Unsere Welt e.V."

Brandenburg gaben gute Unterstützung und Hilfe.
Schließlich war es so weit. Am 7. Juli 1994 gründeten wir den Verein „Unsere Welt e.V." Wir, das waren zwölf Erzieherinnen, zwei technische Kräfte und ich. Von den 24 Mitarbeiterinnen unseres Hauses hatten sich 15 Kolleginnen bewusst für die Mitgliedschaft im Verein und zur Übernahme der Kita in eigener Regie entschieden.
Am 1.1.1995 konnten wir unsere Kita „Spatzenhaus" in freie Trägerschaft übernehmen.
Wir verbanden das mit dem Ziel,
- endlich Sicherheit und Ruhe für die Kinder und Eltern zu schaffen,
- eine bessere Qualität in der Arbeit mit den Kindern zu erreichen und
- den Erzieherinnen eine größere Arbeitsplatzsicherheit zu geben.

Inhaltliche Schwerpunkte unserer Arbeit

Für unsere Arbeit wählten wir das pädagogische Konzept Situationsansatz. Uns ist sehr wichtig, dass die Kinder und Jugendlichen die Fähigkeiten erwerben können, die ihnen bei der Bewältigung der zukünftigen Anforderungen helfen, selbstständig zu entscheiden und zu handeln, denn damit werden wesentliche Grundlagen für den flexiblen Einsatz im späteren Berufsleben gelegt. Die derzeitige Lage auf dem Arbeitsmarkt – das merken wir an uns selbst! – zwingt zu aktivem und initiativreichem Handeln.
Unsere Kita liegt inmitten des größten Neubaugebietes in Frankfurt an der Oder mit 30.000 Menschen. Unsere Kita will die Möglichkeit bieten, dass sich junge und ältere Menschen begegnen, sich füreinander interessieren und vielfältig miteinander kommunizieren. Wir wollen erreichen, dass das Leben in unserem Stadtteil interessanter und lebenswert wird. Erste Erfolge sind bereits sichtbar. Alle Erzieherinnen sind bemüht, gut zu arbeiten. Alle sind sich dessen bewusst, dass es nun darauf ankommt, für das gesamte Haus zu denken, für andere mitzudenken und alles zu tun, damit unsere Einrichtung so attraktiv ist, dass sie überlebt. Unser A und O ist eine hohe Qualität, die sich herumspricht, damit unser Haus immer voll ist. Das verlangt von jeder, sich auch zusätzlich zu engagieren und einzubringen. Der gemeinsame Wille: Wir wollen unsere Kita und damit unseren Arbeitsplatz erhalten, schmiedet das Team natürlich auch ungeheuer zusammen.

Zur Finanzierung unserer Kita

Unser Finanz- und Wirtschaftsplan umfasst ein Volumen von 1,6 Millionen DM. Im ersten Jahr mussten wir ein Prozent der Kosten als Trägeranteil selbst aufbringen. Das waren 16.000 DM. Im zweiten Jahr, 1996, sind drei Prozent selbst zu erbringen, also 50.000 bis 60.000 DM.
Jede Kollegin sollte zu diesem Zeitpunkt noch einmal gut überlegen, ob sie sich auf solche vertraglichen Bedingungen einlassen wollte oder nicht. Einige entschieden sich doch

Erzieherinnen nehmen ihre Kita in die eigenen Hände

noch für den kommunalen Träger. Sie erhofften sich dort mehr Sicherheit. Für uns war das sogar günstig, denn auf diese Weise konnten wir neue Mitarbeiterinnen einstellen, die hochmotiviert waren und Lust hatten, sich mit uns auf neue Wege zu begeben.

Zunächst haben wir die Betreuungsausgaben gesenkt, zum Beispiel durch eigene Leistungen und die Vergabe handwerklicher Arbeiten im Sanitär- und Elektrobereich durch feste Verträge mit Gewerbepartnern, die dafür am Jahresende durch Spenden den Kita-Verein unterstützten. Eine kleine Einnahmequelle sind auch die Mitgliedsbeiträge.

Ein finanzieller Eigenanteil ist nun selbst zu erbringen

Unsere unternehmerischen Ideen

Anfangs standen die Überlegungen: Was können wir? Was kann jede von uns besonders gut? Wo hat jede ihre besonderen Stärken? Was könnte eine tragfähige unternehmerische Idee sein?
Diese Ideen wollten wir Erzieherinnen mit Kindern und Eltern ent-

Was könnte eine tragfähige unternehmerische Idee sein?

Handeln

wickeln und realisieren, um zusätzliche finanzielle Mittel zu erwirtschaften.

Es gab natürlich auch Ängste und Vorbehalte: Wie soll ich das schaffen? Unser Ziel war es deshalb, viele Ideen zu entwickeln und dann herauszufinden, was sich finanziell trägt.

Zunächst einmal entstanden etliche Arbeits- und Interessengemeinschaften für die Kinder, von denen viele auch offen waren für die Kinder des Wohngebietes und wodurch zusätzlich Geld eingenommen werden kann. Da gibt es zum Beispiel die Interessengemeinschaften:
- Wandern und Touristik,
- Malen und kreatives Gestalten,
- Hobbyköche,
- Partyservice (Gestaltung von Tischdekorationen, Herstellung von Speisen für Feste, z. B. auch Kindergeburtstage),
- Holzverarbeitung,
- Fußball,
- Handarbeiten,
- Gestalten mit Naturmaterial.

Nutzer aus dem Wohngebiet zahlen pro Kurs 15,00 bis 20,00 DM im Monat.

Weil die Arbeitsgemeinschaft „Holzverarbeitung" so gut anlief, bieten wir jetzt zusätzlich „Modellieren und Gießen" an und haben inzwischen auch eine richtige Keramikwerkstatt. Erweitern konnten wir auch die Arbeit mit Naturmaterial. Mit Gestecken zu verschiedenen Jahreszeiten und Wandgestaltungen können wir gute Gewinne erzielen. Das Material dafür bekommen wir sehr kostengünstig, und die Mitglieder der Arbeitsgemeinschaft sind sehr engagiert bei der Sache. Sie sehen eben auch den Nutzen. Das ist gerade auch für ältere Kinder ein großer Anreiz. Die Arbeit mit Naturmaterial bieten wir nun auch für Erwachsene im Wohngebiet an.

Gute Erfahrungen haben wir insbesondere mit den Hortkindern gesammelt. Mit vielen originellen Ideen, Eigeninitiative, Verantwortungsbewusstsein und Ausdauer, gemeinsamer Planung und Verabredung haben die Arbeitsgemeinschaften „Kochen und Backen", „Partyservice" und „Ge-

Erzieherinnen nehmen ihre Kita in die eigenen Hände

stalten mit Naturmaterial" ein Ostercafé und eine Weihnachtsfeier für die Anwohner unseres Wohngebietes ausgestaltet. Sie haben Gestecke angefertigt, Ostereier bemalt, Kuchen gebacken oder Kaffee ausgeschenkt. Eine besonders gute Idee: Die Erzieherinnen bieten die Ausgestaltung von Kindergeburtstagen in unserer Kita an. Je nach Wunsch richten Kinder und Erzieherinnen die Geburtstagsfeier aus – angefangen von der Kaffeetafel bis zum Abendbrot, einschließlich der inhaltlichen Gestaltung. Gewählt werden kann zwischen den Themen „Eine Reise um die Welt", „Hexenfest" und „Sport ist gesund". Das Geburtstagskind ist bei den Vorbereitungen aktiv einbezogen. Dieses Angebot wird von den Eltern angesichts der engen Wohnverhältnisse in den Neubauten gegen eine Spende gern angenommen – in Absprache mit dem Finanzamt! Inzwischen gestalten wir auch Kinderfeste für Firmen aus, Förderbeitrag: 2.000,00 DM. Beim letzten Fest zur Eröffnung eines Einkaufsparks gab es Kuchenstände, Tombola mit Bastelarbeiten der Kinder, eine Sportstrecke, eine Mitmachstraße (Bootsbau aus Naturmaterial), Emaillearbeiten und Knüppelkuchenbacken. Groß und Klein war bei dem Fest dabei. Ein toller Erfolg.

Ein weiteres Angebot für Erwachsene sind die Frauengruppen, die sich zum Beispiel mit Seidenmalerei beschäftigen. Für ältere Bürger bieten wir Handarbeitsabende an. An den Vormittagen treffen sich bei uns Arbeitslose. Wir verfolgen damit die Idee, sie aus ihrer Isolation herauszuholen, sie an ihre besonderen Fähigkeiten und Fertigkeiten zu erinnern und sie vielleicht zu gewinnen, mit uns und den Kindern „etwas auf die Beine zu stellen".

Wir betreiben natürlich auch reine Imagepflege, um unseren „Nachwuchs" zu sichern. Dafür stellen wir unsere Räume für Schwangerengymnastikkurse und Mutter-Kind-Gruppen zur Verfügung. Gemeinsam mit einer Hebamme gestaltet unsere Krippenerzieherin diese Kurse kostenlos.

Den Kindern und uns macht die Arbeit viel Spaß. In unserem Haus ist immer etwas los. Unser Engagement lohnt sich! Wir können vieles in die Wege leiten, so viel machen und tun, was ein kommunaler Träger sicher nie gestattet hätte. – Und wir haben viele Ideen, wie wir unsere Kita inhaltlich noch attraktiver und wirtschaftlich effizienter gestalten können ...

Arbeitsgemeinschaften und die Ausgestaltung von Kindergeburtstagen und Kinderfesten werden gern genutzt

Handeln

Das Kinderhaus ist offen für Kinder und Familien

Das Kinderhaus „Wi-Wa-Wunderland" ist eine ehemalige kombinierte Einrichtung mit Krippe und Kindergarten. Es liegt in einem Neubaugebiet in Eisenhüttenstadt. Seit 1991 bemühen sich die Mitarbeiterinnen, das Haus zu einer Begegnungsstätte für Klein und Groß zu profilieren.

Hintergrund

Im Zusammenhang mit dem gesellschaftlichen Umbruch 1989/90 wollten wir die Chance nutzen, die alten fest gefügten Strukturen Krippe und Kindergarten aufzuweichen und etwas völlig Neues schaffen. Dabei wollten wir den Gedanken des Miteinanderlebens von jüngeren und älteren Kindern, von Erwachsenen und Kindern im Wohngebiet in den Mittelpunkt stellen. Zum anderen zwang uns der drastische Geburtenrückgang, eine neue Konzeption zu entwickeln, um die Kita als Haus für Kinder und die Arbeitsplätze der Mitarbeiterinnen zu erhalten. So leicht wollten wir uns nicht unterkriegen lassen!
Wichtigster Ansatzpunkt für die Erarbeitung einer neuen Konzeption war die Analyse der Lebensbedingungen in unserem Wohngebiet. Dazu nur einige Stichpunkte:
Hier leben überwiegend kinderreiche junge Familien. Die meisten Kinder sind zwischen 10 und 14 Jahren alt. Sie haben kaum Möglichkeiten für eine sinnvolle Freizeitgestaltung. Viele Eltern sind arbeitslos, finanziell besser gestellte ziehen in andere Gegenden. Die älteren Leute leben isoliert in ihren Wohnungen, insgesamt haben Kinder und Erwachsene, überhaupt Familien untereinander kaum Kontakt. Auch zu anderen Institutionen und Vereinen, die sich im Wohngebiet gegründet hatten, bestanden sehr wenig Beziehungen.

Auf die Situation im Wohnumfeld reagieren

Das Kinderhaus ist offen für Kinder und Familien

Wie lebt es sich heute im Kinderhaus?

In der Zwischenzeit ist viel erreicht worden. Die Einrichtung ist eine Begegnungsstätte für Klein und Groß, Jung und Alt geworden und prägt die Lebensqualität im Kiez entscheidend mit. In der Zeit von 6.00 bis 21.00 Uhr treffen sich an den Wochentagen Kinder von vier Monaten bis 16 Jahren. Aber auch für Eltern und Anwohner ist das Haus beliebter Anlauf- und Treffpunkt. Was heißt das nun konkret?

Zunächst einmal steht unser Haus allen Kindern von 18 Monaten bis zu zwölf Jahren als ganztägiges Betreuungsangebot zur Verfügung. Zurzeit leben und lernen 184 Kinder in altersgemischten Kindergarten- und Hortgruppen.

Ein wichtiger Bestandteil unserer Arbeit ist die Integration behinderter Kinder, was sich insbesondere auf die sozialen Beziehungen der Kinder im ganzen Haus auswirkt. Eine Erzieherin hat sich für diese besondere Aufgabe qualifiziert.

Für Kinder bis zu 16 Jahren steht ein Freizeitbereich offen. Zurzeit nutzen 40 bis 50 Jugendliche für einen Unkostenbeitrag von monatlich fünf Mark täglich die umfangreichen Angebote. So gibt es einen Sportraum, wo man sich vielseitig körperlich betätigen kann. Sie können Tischtennis und Billard spielen, sich am Computer ausprobieren, Musik hören und kreativ-künstlerisch tätig sein. Die Ältesten richten sich gerade einen Clubraum ein, in dem man gemütlich quatschen und auch kleine Feste feiern kann. Gern nutzen sie auch die Angebote „Kochen und Backen", „Tanzen", „Werken" und „Fotografie". Für diesen Freizeitbereich ist eine Erzieherin zusätzlich beschäftigt, dennoch war uns von Beginn an bewusst, dass so viele zusätzliche Angebote nur in enger Zusammenarbeit mit Eltern, ehrenamtlichen Kräften und Vereinen zu verwirklichen ist. Zurzeit arbeiten bei uns 17 ehrenamtliche Kräfte. Der älteste ist 82 und der jüngste 16 Jahre alt. Wir achten sehr darauf, dass die Kinder auch Erfahrungen mit männlichen Personen machen können.

Eine enge Zusammenarbeit und gute gegenseitige Kontakte verbinden uns mit der „Mobilen Suchtberatung", „Pro Familia", mit Ernährungsbera-

Das Kinderhaus ist Begegnungsstätte für Klein und Groß, Jung und Alt

Ehrenamtliche Kräfte und Vereine sind unersetzliche Partner

Handeln

Bedarfsgerechte Angebote für Kinder, Eltern und Anwohner sind zugleich eine zusätzliche Einnahmequelle

tern, Umweltschützern, dem Tierschutzverein und vielen anderen Vereinen und Institutionen.

Natürlich geht es den Vereinen dabei auch um eigene Interessen, nämlich um ihre Nachwuchsförderung. Unsere Erfahrungen bestätigen, dass eine solche Zusammenarbeit auch im gegenseitigen Interesse liegen muss, wenn sie gelingen soll. Wir greifen dabei auf Erfahrungen aus der Arbeit mit den ehemaligen Patenbrigaden in den Betrieben zurück und wollen Vereinbarungen zum gegenseitigen Nutzen treffen.

Eine Unterstützung für Kinder und ältere Menschen aus dem Wohngebiet ist auch unser Mittagessensangebot, das gern in Anspruch genommen wird.

Weiterhin bietet das Kinderhaus für Eltern im Erziehungsjahr oder deren Kinder die Krabbelbox an. Diese ist seit Juli 1994 täglich von 9.00 bis 15.30 Uhr geöffnet. Zu einem Stundensatz von 1,00 DM werden die Kinder hier stundenweise betreut. In diesem Bereich trifft man sich zum Müttertreff, wo sich neben einer fest angestellten Kraft auch ehrenamtliche Helferinnen engagieren. Eine Therapeutin, eine Sozialarbeiterin und eine Ärztin beraten die Eltern bei der Erziehung ihrer Kinder. Man kann sich zum Kaffeeklatsch treffen und neue Kontakte knüpfen.

Gegenwärtig denken wir über zusätzliche Dienstleistungsangebote nach wie Hausaufgabenhilfe, Abhol- und Bringedienst, Babysitterdienst in der Familie, vielleicht auch Abendbetreuung in der Kita.

Selbstverständlich feiern wir viele Feste in unserem Kinderhaus. Das Garten- oder Sommerfest „Zirkus Fröhlich" oder das Märchenfest bringen Bewohner, Kinder, Jugendliche, Eltern und ältere Leute unseres Wohngebietes zusammen. So kann man sagen, dass unser Haus zu einem kulturellen Mittelpunkt des Wohngebietes, unseres Kiezes, geworden ist. Das ist gleichzeitig eine gute Möglichkeit, zusätzliche Finanzquellen zu erschließen. So brachte das lange vorbereitete „Kiezfest" zum zehnjährigen Jubiläum unserer Einrichtung dem Förderverein 40.000 DM ein. Verschiedene kleinere und größere Firmen, Institutionen und Vereine – offiziell eingeladen und genannt – spendeten erhebliche Summen und Sachmittel. Ein Verkaufsbasar und das Eintrittsgeld (Erwachsene 5,00, Kinder 2,00 DM) von über 2.000 Gästen brachten zusätzliche Einnahmen. Das Geld wird für den Ausbau der Sanitärtrakte im Integrationsbereich und für eine Grillecke im Garten – gedacht als Treffpunkt für Jugendliche und Erwachsene – verwendet.

Insgesamt haben sich die Beziehungen im Wohngebiet sehr verändert. Durch die Feste und Veranstaltungen für das gesamte Wohngebiet treffen sich Kinder, Eltern und Großeltern, werden Kontakte geknüpft: „Man kennt sich!" Selbsthilfegruppen haben sich gebildet, zum Beispiel zur Betreuung von Kindern in den frühen Abendstunden, vor allem allein stehende Mütter finden hier schnell Kontakt.

Anwohner achten von sich aus da-

Das Kinderhaus ist offen für Kinder und Familien

rauf, dass auf dem Freigelände nichts mutwillig zerstört wird. Der beste Beweis, dass der eingeschlagene Weg richtig ist, sind die guten Kontakte zu den Jugendlichen. Selbst gerade dem Freizeitbereich entwachsen, organisieren sie Veranstaltungen für die Kinder im Kindergarten, Hort und Freizeitbereich. Sie leiten Interessengruppen und beteiligen sich an der Instandhaltung unseres Hauses und der Verschönerung der Freifläche. Der beste Lohn für all unsere Bemühungen.

Und noch eine Idee

1992 gründeten Eltern, Erzieherinnen und Personen des öffentlichen Lebens (Mitarbeiter der Stadtverwaltung, des Amtsgerichts, auch Lebenspartner der Erzieherinnen und Spender) den „Förderverein des Kinderhauses Wi-Wa-Wunderland". Ziel dieses Fördervereins ist das Wohlergehen und die Unterstützung der Erziehung und Bildung der Kinder im Interesse der Familien. Der Förderverein übernimmt zur Realisierung dieses Ziels verschiedene Aufgaben. Als erste und wichtigste Aufgabe steht die Beschaffung finanzieller Mittel zur Verwirklichung der verschiedenen Vorhaben des Kinderhauses, denn mit dem begrenzten Etat der Stadtverwaltung sind längst nicht alle Ideen zu verwirklichen, müsste manches auf der Strecke bleiben. So nimmt der Förderverein Kontakt zu Sponsoren und Firmen auf, die oftmals das Kinderhaus durch Arbeitsleistungen und Materialien unterstützen.

Ein Förderverein als Unterstützung

4. Nachdenken – Erfahrungen auswerten

Nach fast einem Jahr Entwicklungsarbeit, einem spannenden Prozess des Suchens und Erprobens, einem Auf und Ab von Erfolgen und Rückschlägen präsentieren Erzieherinnen selbstbewusst eine Vielzahl origineller und sinnvoller unternehmerischer Aktivitäten von Kindern und Erzieherinnen.

Eine unerwartete Anerkennung ihrer Arbeit haben sie zusätzlich erfahren: Von der Lindenstiftung, die innovative Ideen und Vorhaben in der Kindertagesbetreuung fördert, wurden bei dieser Veranstaltung die besten Ideen mit Geldprämien von insgesamt 10.000,00 DM anerkannt – gedacht als Anschubfinanzierung und als Anreiz für die Entwicklung weiterer unternehmerischer Konzepte.

Zugleich reflektieren die Erzieherinnen die Wirksamkeit ihres pädagogischen Handelns. Wichtig sind ihnen dabei folgende Fragen:

- Inwieweit konnte durch die Veränderung der pädagogischen Rahmenbedingungen (Raumgestaltung, Materialangebot, Tagesablauf ...) Eigeninitiative, Entdeckerfreude und Ideenreichtum der Kinder gefördert werden?
- Wie lassen sich Ökonomie und Pädagogik sinnvoll verbinden und welche unternehmerischen Projekte eignen sich für Kinder in Tageseinrichtungen?
- Welche Erfahrungen und Kompetenzen konnten Kinder und Erzieherinnen bei der Entwicklung und Realisierung unternehmerischer Projekte sammeln?
- Wobei waren die Kinder besonders aktiv, was hat sie überfordert?
- Haben Eltern die Vorhaben der Kita aktiv unterstützt?
- Welche Schwerpunkte hinsichtlich der unternehmerischen Profilierung der Kita sollen weiterhin gesetzt werden?

Nachdenken

Das Leben der Kinder ist spannender und aufregender

Rückblickend auf den innovativen Entwicklungsprozess erinnern sich Erzieherinnen an ihre anfänglichen Zweifel.
Sie glaubten nicht so richtig an die praktische Umsetzbarkeit der Positionen zum theoretischen Handeln, die in den Fortbildungen vorgestellt und gemeinsam weiterentwickelt wurden. Wie sollte unternehmerisches Handeln, wie sollte eine „culture of entrepreneurship" in der Kita erfolgreich entwickelt und umgesetzt werden? Ihre Bedenken waren schnell überwunden, als sich zeigte, wie viel spannender und interessanter es plötzlich für Kinder und Erwachsene ist, wenn der gleichlaufende Kita-Alltag durchbrochen wird, man sich gemeinsam auf neue, noch ungewohnte Wege begibt. Es war plötzlich ein neugieriges Lernen in Unsicherheiten, ein aufregendes Abenteuer, in dem viel Unerwartetes passieren, man Neues, nicht immer Vorgedachtes erfahren konnte.

Es war plötzlich ein neugieriges Lernen in Unsicherheiten, ein aufregendes Abenteuer

Was hat sich in diesem Prozess des gemeinsamen praktischen Tuns von Kindern und Erwachsenen gezeigt? Kinder entwickeln vom jüngsten Alter an Freude am Knobeln, Erkunden, Tüfteln, Ausprobieren, finden originelle Ideen und kreative Lösungen, wenn sie in der Kita vielseitige Möglichkeiten zum eigenständigen Tun, Experimentieren und Forschen vorfinden, wenn Erwachsene sie in ihrem natürlichen Neugierverhalten und selbstbestimmten Tun anregen und ermutigen und nicht mit vorgedachten Beschäftigungsangeboten und rigidem Verhalten einschränken. Kinder sind begeistert bei der Sache, wenn sie ihre eigenen Ideen verwirklichen können und sich ernst genommen fühlen. Kinder spüren und erleben, wie lustvoll es sein kann, sich anzustrengen und Probleme eigenständig zu lösen, wenn es ihnen möglich ist, sich allein oder mit anderen Kindern über eine längere Zeit in

Das Leben der Kinder ist spannender und aufregender

eine Tätigkeit zu vertiefen. Gerade Kinder, die in der Schule einseitig intellektuell überfordert sind, können hier ihr Vertrauen in die eigenen schöpferischen Kräfte stärken, Ausdauer und Beharrlichkeit entwickeln. Die praktischen Beispiele zeigen, dass es gut möglich ist, mit Kindern etwa ab fünf bis sechs Jahren kleine unternehmerische Projekte zu starten. Dabei lassen sich die ökonomischen Aspekte sinnvoll mit den pädagogischen Absichten verknüpfen. Eindeutig steht dabei aber immer das pädagogische Anliegen im Vordergrund.

Es zeigt sich, dass solche Unternehmungen den Kindern viel Spaß machen. Sie entsprechen ihrem Bedürfnis, am wirklichen Leben teilzunehmen. Die Kinder fühlen sich ernst genommen. Sie erleben, ihre Anstrengungen lohnen sich. Sie können etwas Zweckmäßiges und Sinnvolles tun, genauso wie die Erwachsenen, und dabei ein bisschen Geld verdienen. Es erfüllt sie mit Stolz und Befriedigung, wenn sie ihre Wünsche mit selbst verdientem Geld erfüllen können.

Was sind die besonderen persönlichkeitsfördernden Wirkungen dieses unternehmerischen Handelns?

- Kinder lernen in Ernstsituationen, Verantwortung für ihr Tun zu übernehmen (z. B. Pflanzen aufziehen und pflegen, einfache schmackhafte Gerichte herstellen, artgerechte Bedingungen für die Aufzucht von Regenwürmern schaffen).
- Sie erfahren und lernen in realen Lebenssituationen, dass man bei Problemen nicht gleich aufgeben darf, man immer wieder neu überlegen muss und sich fehlendes Wissen aus Büchern oder von Experten holen kann (z. B. über Gärtnerei, Regenwürmerzucht, Experimente mit Wasser).

Weil es für den Fortgang ihres Vorhabens wichtig ist, sind sie von sich aus bestrebt, sich neues Wissen anzueignen, ihre Sachkompetenz zu erweitern.

- Bei der Verwirklichung ihrer geplanten Vorhaben lernen die Kinder, kooperativ tätig zu sein, zu kommunizieren, das heißt, die verschiedenen Tätigkeiten abzustimmen, sich abzusprechen und die übernommenen Aufgaben verlässlich zu erfüllen.
- Es sind vor allem die längerfristigen Projekte (z. B. Regenwurmzucht und Gemüseanbau, Einrichten eines Cafés), bei denen die Kinder (und auch die Erzieherinnen!) Beharrlichkeit und Ausdauer entwickeln und sich von Rückschlägen nicht entmutigen lassen.
- Kinder entwickeln Eigeninitiative und Mut, wenn sie zum Beispiel auf andere Erwachsene wie Experten, Unternehmer, Eltern zugehen und um Hilfe bitten oder um Rat fragen.
- Kinder erwerben aber auch Kompetenzen, die für eine selbstständige Tätigkeit von Nutzen sind, nämlich pfiffige unternehmerische Ideen zu entwickeln und zu verwirklichen. So haben sie erlebt, erfolgreich ist ein Produkt, eine Dienstleistung nur dann, wenn man genau analysiert, was im Umfeld tatsächlich gebraucht wird (z. B. Würmer für die Angler, Wassermuseum für Kinder und

In der Praxis ist erwiesen: Pädagogik und Ökonomie lassen sich durchaus miteinander verbinden

Nachdenken

Entrepreneurship, unternehmerisches Handeln, ist nicht Kinderarbeit – sondern interessantes, eigenaktives kindliches Tätigsein

Eltern in der Kita, im Wohngebiet, in den Schulen, Gemüseverkauf im Neubaugebiet).
• Und auch das haben sie erfahren: Man muss für seine Angebote werben und Verkaufsstrategien entwickeln (z. B. Werbeschild und Glocke auf dem Wochenmarkt, Aushänge für den Gemüseverkauf, Speisekarte im Café). Sie lernen, „Kundengespräche" zu führen und Waren anzubieten, erweitern so ihre Kommunikationsfähigkeit.

Aus all dem wird deutlich, Entrepreneurship, unternehmerisches Handeln in der Kita, ist nicht Kinderarbeit, sondern kindliches Tätigsein, das für Überraschung sorgt und Erfindergeist freisetzt. Wenn man Kindern die Chance gibt, neue ungewöhnliche Herausforderungen anzunehmen, dann beginnen sie, Spaß und Interesse an solchen Vorhaben zu entfalten, Vertrauen in die eigenen Kräfte zu gewinnen, und das heißt: Sie beginnen, Unternehmergeist zu entwickeln.

Die Kita entwickelt ein sozialunternehmerisches Profil

Kinder entwickeln Unternehmergeist und Eigeninitiative nur dann, wenn auch das Umfeld, das Setting, von einer sozialunternehmerischen Kultur geprägt ist.

Erzieherinnen haben gemeinsam mit Eltern – oft auch mithilfe eines Fördervereins – mit Mut und Risikobereitschaft ihre Kita in Richtung eines sozialen Dienstleistungsunternehmens weiterentwickelt, das den unterschiedlichen Bedarfslagen von Kindern und Eltern in dieser sich rapide verändernden Zeit gerecht wird. Dabei wird deutlich: Wenn das Klima in der Einrichtung stimmt und alle von der Idee überzeugt sind, setzt das enorme Kräfte und Initiativen frei. Vieles von dem, was Hoffmann und Rauschenbach als Vision für das Jahr 2001 im Heft 1/97 der Zeitschrift „klein & groß" beschrieben haben, ist – wie die Beispiele in diesem Buch zeigen – in verschiedenen Kitas schon heute Realität: die Krabbelbox für die Jüngsten, Beratungsdienste für Eltern, vielseitige Freizeitangebote für Jugendliche, Hausaufgabenhilfe, Angebote für Senioren und vieles andere mehr.

Diese Erzieherinnen zeigen Engagement und Initiative, neue Wege in der Kita-Arbeit zu beschreiten.

Manches andere ist noch möglich, muss noch weiter durchdacht und entwickelt werden, wie Abhol- und Bringedienste von Kindern, Babysitting am Abend und am Wochenende, die Einrichtung eines Kinderhotels, wo Eltern ihre Kinder zum Beispiel bei kurzfristigen Geschäfts- und Dienstreisen unterbringen können,

Wenn das Klima in der Kita stimmt, ist vieles möglich

Nachdenken

Eltern unterstützen die unternehmerischen Vorhaben der Kita auf vielfältige Weise

die Organisation von Familienurlauben, der Austausch von Ferienangeboten von Kitas in landschaftlich reizvoller Umgebung. So könnte sich das Profil von Kindertagesstätten weiterentwickeln und auf den tatsächlichen Bedarf mit familienfreundlichen Angeboten reagieren. Und nicht zuletzt können Erzieherinnen ihre Arbeitsplätze erhalten – sogar neue schaffen. In einem so definierten Profil versteht sich die Kita als Mittelpunkt des Lebens im Wohngebiet. Das zeigt sich auch in einer Vielzahl von Veranstaltungen wie Ausstellungen, Kulturwochen, Frühlingsfesten, Kinderkonzerten, Märkten, Begegnungsfesten im Kiez. Erzieherinnen erweitern ihr Berufsprofil, indem sie sich als Multiplikatorin und Fortbildnerin qualifizieren. Sie bieten Konsultationen und Hospitationen (gegen Bezahlung versteht sich) in ihrer Kita an, haben Dias und Videos zu ausgewählten Aspekten der Arbeit nach dem Situationsansatz mit Begleittext angefertigt und gestalten Fortbildungen „Von Erzieherinnen für Erzieherinnen", die gern angenommen werden.

Eltern interessieren und engagieren sich

In einer solchen unternehmerisch ausgerichteten Arbeit der Kita sind auch die Eltern und andere Erwachsene als Experten, als Fachleute von außen willkommen. Mit ihren besonderen Kompetenzen als Köchin, als Werbefachfrau, als Architekt, als Gärtnerin, als Tischler, als Handwerker unterstützen sie die unternehmerischen Vorhaben der Kinder, bereichern als ehrenamtliche Kräfte die Freizeitangebote der Kita oder arbeiten im Förderverein mit.

Immer mehr Eltern interessieren sich für das Profil der Kitas. Was bietet die Kita? Geht mein Kind gern dorthin? Wie wird es in seiner Entwicklung gefördert? Wie werden wir als Eltern in die Arbeit der Kita einbezogen? Eltern, insbesondere allein stehende Mütter, suchen und finden in der Kita Kommunikation und Begegnung mit anderen. Eltern sind froh, dass ihnen ihrem Bedarf entsprechend ein qualitatives und quantitatives Angebot zur Versorgung und Erziehung ihrer Kinder von null bis 14 Jahren zur Verfügung steht. In solchen Kitas brauchen sich die Erzieherinnen über die Zukunft ihrer Arbeitsplätze keine Sorgen zu machen. Im Gegenteil, in den neuen Ländern gibt es sogar lange Wartelisten, auch wenn dort der Bedarf zurückgeht.

Gegenwärtig wird die Debatte um eine stärkere Kundenorientierung und Wettbewerbsfähigkeit sozialer Einrichtungen geführt. Erzieherinnen, die sich bereits heute darum bemühen, ihre Kita attraktiv mit einem breiten, bedarfsgerechten Angebot zu gestalten, brauchen diesen Wettbewerb nicht zu fürchten.

Rahmenbedingungen für ökonomisches Handeln schaffen

Die erwirtschafteten Gewinne müssen der Kita zugute kommen, das heißt, die Kita muss zusätzliche Einnahmen erwirtschaften dürfen. Gegenwärtig behindern noch unzählige Verwaltungsvorschriften solche Entwicklungen.

Eine Kita, die selbstbewusst und autonom agieren, ihr eigenes Profil entwickeln und ökonomisch effizient handeln will, braucht dazu die entsprechenden Rahmenbedingungen. Viele Hürden sind zu überwinden, wenn sich eine Kita selbstständig machen will. In einem Fall wollten die Kinder ihr Café für die Anwohner im Wohnumfeld öffnen, eine Begegnungsstätte schaffen. Bevor es überhaupt dazu kam, wurden die Erzieherinnen von ihrer Stadtverwaltung „zurückgepfiffen". Es wäre nicht erlaubt, dass die Kita eigene Gewinne macht. Manche Erzieherin hat erlebt, dass solche Initiativen unter Verweis auf geltende Vorschriften abgeblockt wurden.

Wenn man eine Kita als soziales Unternehmen entwickeln will, braucht es eine Verwaltung, die genau dies fördert und unterstützt und nicht abblockt. Notwendig sind die finanzielle Selbstständigkeit und eine stärkere ökonomische und administrative Autonomie der Einrichtung, die auch kleineren Trägern den produktiven Wettbewerb ermöglicht.

Erste Kommunen sind dabei, den Kindertagesstätten mehr Selbstständigkeit und Autonomie bei der Planung des Haushaltsbudgets und zusätzliche Einnahmen zuzubilligen. Dieser hoffnungsvolle Anfang sollte Ansporn sein, den Wust von rigiden Rechtsvorschriften zu überwinden und Regelungen den neuen Bedarfslagen anzupassen. Nur in einem offenen Klima der Erneuerung und Innovation werden Eigeninitiative und Leistungsbereitschaft der Erzieherinnen stimuliert, nur so kann sich eine „culture of entrepreneurship" in der Kita entwickeln.

Eine Kita, die autonom und ökonomisch effizient handeln will, braucht entsprechende Rahmenbedingungen

Verwendete Literatur

BLK – Bund-Länder-Kommission für Bildungsplanung und Forschungsförderung. Materialien zur Bildungsplanung, Heft 55, Bonn 1997

Deutsche Kinder- und Jugendstiftung „Unser Chef geht in die 9b" – SchülerInnen in Sachsen, Berlin 1997

Dichans, W.: Kinder sind unsere Zukunft. In: „Eigensinn", Zeitung des FU-Projekts „Kindersituationen", Heft 1/1997, S. 12 f.

Dietel, G.: Kinder – Gärten – Natur, Neuwied 1994

Faltin, G.: Lernen für den Markt. In: Erziehung zu Eigeninitiative und Unternehmergeist, Essen 1994, S. 41 ff.

Faltin, G.: Vorhandenes entdecken. In: klein & groß, Heft 2/1997, S. 12 f.

Goebel, P.: Erfolgreiche Jungunternehmer – Welche Fähigkeiten brauchen Firmengründer? München 1990

Hoffmann, H./Rauschenbach, T.: Der Blick in die Zukunft. In: klein & groß, Heft 1/1997, S. 6 ff.

INA gGmbH: Gründungsschrift der Internationalen Akademie (Zimmer, J. u. a.), Berlin 1997

Knopff, H.-J.: Social Sponsoring und Schulleben. In: Pädagogik, Heft 2/1996

Köditz, V./Jammer, A.: Erziehung zu Eigeninitiative und Unternehmergeist, Essen 1994

Laewen, H.-J.: Unterw. in schwierigen Zeiten. In: klein & groß, Heft 7 – 8/1997, S. 6 ff.

Ripsas, S.: Universität und Entrepreneurship – die Herausforderung „Unternehmerisches Handeln". In: Fachtagung Wirtschaft und Verwaltung – Dokumentation der Beiträge zu den Hochschultagen Berufliche Bildung an der Technischen Universität München 1994 (Hrsg. Dickau, J. und Hartmann, G.), Neusäß 1995, S. 33 ff.

Schäfer, U.: Die neue Gründerzeit. In: Spiegel, Heft 3/1997, S. 82 ff.

Schuster, H.: Der pädagogische Standort muß gesichert werden! Auch die Wirtschaft trägt Verantwortung für Bildungsspielräume. In: Theorie und Praxis der Sozialpädagogik, TPS extra 23, S. 18 ff.

„Unternehmen Kindertagesstätte" – Ein praktisches Handbuch zur Übernahme und Führung von Kindertagesstätten im Land Brandenburg. Berlin 1996

„Was ist was?". Schiffsmodelle, Band 25, Nürnberg o.J.

Zimmer, J./Faltin, G.: Reichtum von unten – Die neuen Chancen der Kleinen. Berlin 1995

Zimmer, J.: Etwas unternehmen. In: Eigensinn, Zeitung des FU-Projektes Kindersituationen, Heft 1/1997, S. 10 f.

Zimmer, J.: Auf die eigenen Füße fallen. In: klein & groß, Heft 2/1997, S. 12

Zimmer, J.: Unternehmen Kindertagesstätte. In: klein & groß, Heft 10/1995, S. 34 ff.

Wer an dem Buch beteiligt war

Ute Svoboda, Kita „Märchenland" in Reinsdorf

Monika Stumpf, Beate Brozio, Kita „Kinderland" in Weimar

Karin Muchajer, Margit Pohle, Verein „Unsere Welt e.V.", Kita „Spatzenhaus" in Frankfurt/Oder

Irene Hirschfeldt, Katrin Herzog, Kita Wiecker Straße in Berlin-Hohenschönhausen

Elke Berg, Petra Schlicke, Kita Werner-Seelenbinder-Straße in Heidenau

Hannelore Thielch, Christiane Rachow, Gisela Rengert, AWO-Kita „Bummi" in Kühlungsborn

Petra Lorenz, Kita „Wi-Wa-Wunderland" in Eisenhüttenstadt

Brunhilde Schulz, Kita der Lebenshilfe e.V. in Wittenberge

Antje Häfke, RDK-Kita in Premslin

Birgit Michelis, Kita „Sonnenschein" in Bad Wilsnack

Petra Fronzek, Kita „Villa Kunterbunt" in Crussow

Angelika Velke, ABS-Kita mit Integration „Bambi" in Halberstadt

Ulrich Benkenstein, Kita der FU Berlin

Michaela Kasten, Ursula Wohlfahrt, Viola Uhlig, Kita Schönauer Ring in Leipzig

Heidi Römer, Traudel Liebold, Kita „Anne Frank" in Jena

Sonja Mangner, Kita „Villa Kunterbunt" in Lychen

Moderatorinnen des Projektes Kindersituationen: Dr. Renate Buch in Brandenburg und Dr. Uta Fucke in Sachsen

Die Praxisreihe zum Situationsansatz

Situationen von Kindern erkunden, pädagogische Ziele setzen und den Alltag mit Kindern gestalten: Wie das geht und wie Kinder dabei fit fürs Leben werden, zeigen diese Praxisbücher mit vielen guten Ideen und praktisch Erprobtem aus über 100 Kindertagesstätten.

Herausgegeben von Jürgen Zimmer.

Sabine Naumann
Was heißt hier schulfähig?
Übergang in Schule und Hort
ISBN 3-473-98901-0

Christine Lipp-Peetz
Wie sieht's denn hier aus?
Ein Konzept verändert Räume
ISBN 3-473-98902-9

Elke Heller
Gut, dass wir so verschieden sind
Zusammenleben in altersgemischten Gruppen
ISBN 3-473-98903-7

Sabine Naumann
Hier spielt sich das Leben ab
Wie Kinder im Spiel die Welt begreifen
ISBN 3-473-98904-5

Christa Preissing
Wenn die Schule aus ist
Der Hort zwischen Familie und Schule
ISBN 3-473-98905-3

Sabine Naumann
Natürlich von klein auf!
Ökologische Lebensgestaltung in der Kita
ISBN 3-473-98906-1

Götz Doyé, Christine Lipp-Peetz
Wer ist denn hier der Bestimmer?
Das Demokratiebuch für die Kita · ISBN 3-473-98907-X

Elke Heller, Sabine Naumann
Was zählt?
Vom Umgang mit Geld und anderen Werten
ISBN 3-473-98908-8

Christa Preissing
Und wer bist du?
Interkulturelles Leben in der Kita
ISBN 3-473-98909-6

Elke Heller
Etwas unternehmen
Kinder und Erzieherinnen entwickeln Eigeninitiative
ISBN 3-473-98910-X

Götz Doyé, Christine Lipp-Peetz
Das soll einer verstehen!
Wie Erwachsene und Kinder mit Veränderungen leben
ISBN 3-473-98911-8

Jürgen Zimmer
Das kleine Handbuch zum Situationsansatz
ISBN 3-473-98912-6

Zwölf Praxisbände, „Die Materialbox" und „Das Diskussionsspiel" in einem Gesamtpaket (ISBN 3-473-98915-0).

Vertrieb durch Pädagogische Arbeitsstelle
Postfach 18 60 · D-88188 Ravensburg · Telefon (07 51) 86 16 48
Erhältlich im Buchhandel, Praxisbände auch einzeln.